大学生创新创业教育实践教程

主　审◎朱艳军
主　编◎黄德斌　向　宏　夏利波

电子科技大学出版社
University of Electronic Science and Technology of China Press
·成都·

图书在版编目（CIP）数据

大学生创新创业教育实践教程 / 黄德斌，向宏，夏利波主编 . 一成都：电子科技大学出版社，2022. 8

ISBN 978-7-5647-9905-2

Ⅰ. ①大… Ⅱ. ①黄… ②向… ③夏… Ⅲ. ①大学生一创业一教材 Ⅳ. ① G647. 38

中国版本图书馆 CIP 数据核字（2022）第 151600 号

大学生创新创业教育实践教程

DAXUESHENG CHUANGXIN CHUANGYE JIOAYU SHIJIAN JIAOCHENG

黄德斌　向宏　夏利波　主编

策划编辑　张　鹏

责任编辑　张　鹏

出版发行　电子科技大学出版社
　　　　　成都市一环路东一段 159 号电子信息产业大厦九楼　邮编 610051

主　　页　www. uestcp. com. cn

服务电话　028-83203399

邮购电话　028-83201495

印　　刷　山东岩琦印刷科技有限公司

成品尺寸　185mm×260mm

印　　张　10. 75

字　　数　265 千字

版　　次　2022 年 8 月第 1 版

印　　次　2022 年 8 月第 1 次印刷

书　　号　ISBN 978-7-5647-9905-2

定　　价　39. 80 元

编委会

前　言

随着我国经济社会发展进入新常态，党中央、国务院作出了加快实施创新驱动发展的战略、建设创新型国家的重大决策。大学生是“大众创业、万众创新”的重要参与力量，大学生创新创业越来越受各界关注，政府和社会也开始大力提倡大学生创新创业，培养大学生创新创业能力已成为建设创新型国家和落实科教兴国的重要战略需要。

目前，创业之风正蔚然兴起，创业者有了更广阔的平台，经济全球化、社会信息化为创业提供了前所未有的舞台和契机。在新时代的大背景下，创新创业要求大学生掌握更多的专业知识，具备更丰富的社会实践经验。因此，为了让更多有创业梦想的大学生成功走上创业之路，我们精心编写了《新时代大学生创新创业教育实践教程》。

本书以“能力本位、问题导向、精准指导”为原则，采用“项目 + 实训”的编写模式，在知识方面突出了实用性而非系统性，内容丰富，形式多样，易于操作。

全书共分为十个项目，分别为提高创新能力、建立创业思维、识别与评估创业机会、商业模式、整合创业资源、创业风险、组建与管理创业团队、撰写创业计划书、创业企业的开办与管理和“互联网 +”创新创业。

本书可作为大学生创新创业理论课程的配套实训用书，也可作为教师教学的同步辅导用书，还可作为有创新创业想法的社会青年拓宽视野，增长知识的参考用书。

本书在编写过程中借鉴了诸多专家和学者的宝贵资料，在此对这些专家和学者表示感谢。

编　者

2022 年 3 月

目　录

◆ 项目五　整合创业资源

◆ 项目六　创业风险

◆ 项目七　组建与管理创业团队

项目一　提高创新能力

如果这个世界没有创新能力，人类便不会有今天的文明，可能还过着钻木取火的原始生活。那么，什么是创新能力呢？创新能力是指运用知识和理论，在科学、艺术和技术等各种领域中不断提供具有经济价值、社会价值、生态价值的新思想、新理论、新方法和新发明的能力。创新能力是民族进步的灵魂、经济竞争的核心。当今社会的竞争，与其说是人才的竞争，不如说是人的创新能力的竞争。

笔记区

实训一 走进创新

★ 实训目标

1. 了解创新在日常生活中随处可见。
2. 通过思考，了解到创新的作用。

★ 实训流程

一、记录创新项目

寻找身边一个令你印象深刻的创新项目，可以是自己在生活中的一个创新（如生活规律、生活小窍门等），也可以是自己所见到的或体验过的，找出在该创新项目（现象）中所存在的三个问题及应对的解决方法，记录在表 1-1 中。

表 1-1 创新项目记录

创新项目（现象）			
该项目的特色及创新点			
该项目存在的问题及可探索持续创新的内容	1	2	3
解决方案			

二、分析创新项目

通过分析创新项目挖掘出项目中的创新点，借鉴这个创新点的核心内容、创新方法及创新思路，考虑这种创新方法在其他领域中如何应用，进而加深对创新的理解，将思考成果记录在表 1-2 里。要求：

（1）列举过去一年中印象较深的三个创新项目（产品、事物等）。

（2）在该项目中，指出你认为存在的创新点。

（3）基于对创新点的理解，考虑该创新的方法、思路等可否用于其他领域。

（4）如果应用于新领域可以产生哪些具有创新性的项目。

表 1-2　思考成果记录

创新项目	1	2	3
创新点			
可借鉴的领域			
借鉴后的项目			

三、小组协作讨论

小组通过分析、讨论、汇总后确定三个最具有借鉴价值的创新项目，并将讨论后的创新点、借鉴领域和借鉴后的项目填写在表 1-3 中。在小组有不同意见的情况下可以投票表决，同时建议在创新点的思考、可借鉴的领域及借鉴创新后产生的新项目等方面集思广益，在个人思考的基础上进行优化。

笔记区

笔记区

表 1-3　创新项目分析记录

创新项目	1	2	3
创新点			
可借鉴的领域			
借鉴后的项目			

四、分析思考

1. 你从了解到的创新项目中得到了什么启发？

2. 你认为在学校的学习生活中有哪些地方需要创新？你的创新方向是什么？

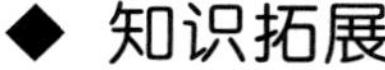

◆ 知识拓展

创新能力的表现及特征

1. 创新能力的表现

创新能力是运用知识和理论，在科学、艺术、技术和各种实践活动领域中不断提供具有经济价值、社会价值、生态价值的新思想、新理论、新方法和新发明的能力。创新能力主要表现在技术创新、管理创新、文化创新组织与制度创新等方面。

（1）技术创新。技术创新是企业发展的源泉，是竞争的根本。就一个企业而言，技术创新不仅指商业性的应用自主创新的技术，还可以是创新地应用合法取得的、他方开发的新技术或已进入公有领域的技术，从而创造市场优势。例如：沃尔玛于 1980 年就在全球率先试用条形码，即通用产品码技术，结果使他们的收银员效率提高了 50%，极大地降低了经营成本。

（2）管理方法。管理方法往往因环境情况和被管理者的改变而改变，这种改变在一定程度上就是管理创新。例如，Intel 总裁葛洛夫的管理创新就是如此：实行产出导向管理—产出不限于工程师和工人，也适用于行政人员及管理人员；在英特尔公司，工作人员不只对上司负责，也对同事负责；打破障碍，培养主管与员工的亲密关系等。

（3）文化创新。文化创新是指企业文化的创新。企业文化与时俱进和适时创新能使企业文化一直处于一种动态的发展过程。

（4）组织与制度创新。组织与制度创新主要有三种：一是以组织结构为重点的变革和创新，如重新划分或合并部门、组织流程改造、改变岗位及岗位职责和调整管理幅度等；二是以人为重点的变革和创新，即改变员工的观念和态度，包括知识的更新，态度的变革，个人行为乃至整个群体行为的变革等；三是以任务和技术为重点的创新，即对任务重新组合分配，并通过更新设备、技术创新等，来达到组织创新的目的。

2. 创新能力的特征

（1）综合独特性。创新能力是一种综合性的能力，其核心是创新思维。观察创新者的能力构成时，会发现没有一个是单一的，都是几种能力的综合，这种综合是独特的，具有鲜明的个性色彩。

笔记区

笔记区

（2）结构优化性。创新者的能力在构成上呈现出明显的结构优化特征，而这种结构是一种深层或深度的有机结合，能发挥出意想不到的创新功能。创新能力是一种有深度结合性的能力。它的深度结合性表现为它与其他相关的理论、知识及其他能力有较强的交叉结合。

（3）普遍性。创新能力的普遍性即创新能力是人人都可具备的一种能力，并非是那些天才、神童、科学家研究人员的独有能力。当然，要具有创新能力，需要在实践中善于观察思考，付出艰辛的努力。

（4）可开发性。创新能力是可以激发和提升的一种能力。每个人的创新能力都不是天生的，都是通过后天努力，在实践中不断地探索，从而得到开发和提升。

实训二　创新能力个性测试

★ 实训目标

1. 对自我的创新能力有一定的基本了解。
2. 通过测试，意识到个性对于提高创新能力的重要性。

★ 实训流程

一、填写创新个性自测题

创新能力与人的个性心理特征有着很大的关系，创新能力强的人总有特殊的表现行为。下面的20道创新个性自测题是根据著名心理学家托拉斯的研究成果编成的。

1. 在做事、观察事物和听人说话时，你能否专心一致？

A. 是　　　　B. 不是

2. 你说话、作文时，是否经常运用类比的方法？

A. 是　　　　B. 不是

3. 你能否全神贯注地读书、书写和绘画？

A. 是　　B. 不是

4. 完成了教师布置的作业后，你是否总有一种兴奋感？

A. 是　　B. 不是

5. 你是否迷信权威？

A. 是　　B. 不是

6. 你是否喜欢寻找事情发生的各种原因？

A. 是　　B. 不是

7. 你在观察事物时，是否很精细？

A. 是　　B. 不是

8. 你是否常从别人的谈话中发现问题？

A. 是　　B. 不是

9. 在进行有创造性的工作时，你是否经常忘记时间？

A. 是　　B. 不是

10. 你是否总能主动地发现一些问题，并能发现和问题有关的各种关系？

A. 是　　B. 不是

11. 你平时是否经常在学习或是琢磨问题？

A. 是　　B. 不是

12. 你是否总对周围的事物保持着好奇心？

A. 是　　B. 不是

13. 对某些问题有新发现时，你是否总能感到异常兴奋？

A. 是　　B. 不是

14. 通常情况下，你是否能预测结果，并能正确地验证这一结果？

A. 是　　B. 不是

15. 平常遇到困难和挫折，你是否气馁？

A. 是　　B. 不是

16. 你是否经常思考事物的新答案和新结果？

A. 是　　B. 不是

17. 你是否经常有很敏锐的观察力和提出问题的能力？

A. 是　　B. 不是

笔记区

笔记区

18. 在解题和研究课题时，你是否采用自己独得的方法来解决？

A. 是　　B. 不是

19. 遇到问题，你能否从多方面来探索解决它的可能性，而不是固定在一种思路上或局限在某一方面？

A. 是　　B. 不是

20. 你总有些新的设想在脑子里涌现，即使在游玩中也会产生新设想？

A. 是　　B. 不是

二、结果诊断

通过参考表 1-4 中的数值，以此来诊断自己的个性特征是否有助于提高创新能力。

表 1-4　个性自测题数值参考

范围	结果
与你实际情况完全相符超过 13 道题的	说明你的个性十分有利于创新
如果有 6 ～ 13 道题相符的	说明你的创新个性一般
如果与你实际情况完全相符的少于 6 道题的	说明从创新的角度来看，你的创新个性有待提高

三、分析思考

分小组分析、思考、讨论以下问题，小组成员交流协作，最后中自选一名成员展示说明。

1. 通过这一测试，除了个性心理特征，你认为影响创新能力提高的因素还有哪些？

2. 通过此测试，你认为自己在创新能力方面有没有需要提高的必要？又该如何去提高呢？

3. 通过此测试，你从中获得了哪些启示？

◆ 知识拓展

创新能力的分类

1. 学习能力

学习能力即获取、掌握知识、方法和经验的能力，包括阅读、写作、理解、表达、记忆、搜集资料、使用工具、对话和讨论等。学习能力还包括态度和习惯，比如活到老、学到老的终身学习的态度和信念。个人具有学习能力，组织也具有学习能力，人们把学习型组织理解为“通过大量的个人学习特别是团队学习，形成的一种能够认识环境、适应环境、进而能够作用于环境的有效组织。也可以说是通过培养弥漫于整个组织的学习气氛，充分发挥员工的创造性思维能力而建立起来的一种有机的、高度柔性的、扁平的、符合人性的，能持续发展的组织”。

2. 分析能力

分析能力是指把事物的整体分解为若干部分进行研究的技能和本领。事物是由不同要素、不同层次，不同规定性组成的统一整体。认识事物的有效方式之一就是把它的每个要素、层次，规定性在思维中暂时分割

笔记区

笔记区

开来进行考察和研究，弄清楚每个局部的性质、局部之间的相互关系及局部与整体的联系。做到由表及里、由浅入深、由易到难地认识事物和问题。

3. 综合能力

综合能力是强调把研究对象的各个部分结合成一个有机整体进行考察和认识的技能和本领。综合是把事物的各个要素、层次和规定性用一定线索把它们联系起来，从中发现它们之间的本质关系和发展的规律。具体来讲，综合能力包括三项内容：一是思维统摄与整合，就是把大量分散的概念、知识点及观察和掌握的事实材料综合在一起，进行思考加工整理，由感性到理性、由现象到本质、由偶然到必然、由特殊到一般，对事物进行整体把握；二是积极吸收新知识，综合能力需要多方面的知识和方法，不断吸收新知识、不断更新知识都是必要的，特别是要学会跨学科交叉，把不同学科的知识、不同领域的研究经验融会贯通，才能更好地综合；三是与分析能力紧密配合，只有与分析能力相互配合，才能正确认识事物，实现有价值的创新。

4. 想象能力

想象能力指以一定知识和经验为基础，通过直觉、形象思维或组合思维，不受已有结论、观点、框架和理论的限制，提出新设想、新创见的能力。想象力往往是发现问题和解决问题的突破口，在创新活动中扮演突击队和急先锋的角色。缺乏想象力很难从事创新工作。

5. 批判能力

批判能力表现在两个方面：在学习、吸收已有知识和经验时，批判能力保证人们不盲从，批判性地、选择性地吸收和接受，去粗取精、去伪存真；在研究和创新方面，质疑和批判是创新的起点，没有质疑和批判就只能跟在权威和定论后面亦步亦趋，不可能做出突破性贡献。科学技术史表明，重大创新成果通常都是在对权威理论进行质疑和批判的前提下做出的。

6. 创造能力

创造能力是创新能力的核心，它是指首次提出新的概念、方法、理论、工具、解决方案、实施方案等的能力，是创新人才的禀赋、知识、经验、动力和毅力的综合体现。

7. 解决问题的能力

解决问题的能力包括提出问题和凝练问题，针对问题选择和调动已有的经验、知识和方法，设计和实施解决问题的方案，以及对于难题，能够创造性地组合已有的方法乃至提出新方法来予以解决。解决问题分为狭义和广义两种，狭义的解决问题就是人们通常认为的各种问题的解决，如，物理问题、数学问题、技术问题等：广义的解决问题则包括各种思维活动，这种情况下，创新能力就等同于创新性解决问题的能力。

8. 实践能力

实践能力是特指社会实践能力。提出创造发明成果，只是创新活动的第一阶段，要使成果得到承认、传播、应用，实现其学术价值、经济价值和社会价值，必须要和社会打交道，实践能力就是为实现这一目标而进行的各种社会实践活动的能力。

9. 组织协调能力

组织协调能力的实质是通过合理调配系统内的各种要素，发挥系统的整体功能，以实现目标。对于创新人才来说，要完成创新活动，就要协调各方，当拥有一定资源时，就可通过沟通、说服、资源分配和荣誉分配等手段来组织协调各方以最终实现创新目标。

10. 整合多种能力的能力

创新人才的宝贵之处不仅在于拥有多种才能，而且能够把多种才能有效地整合在一起发挥作用。整合多种能力的能力是能力增长和人格发展的结果，这需要通过学习、实践和人生历练才能达到。能否完成重大创新，拥有整合多种能力的能力是一个关键。

笔记区

实训三　创新思维能力测试

★ 实训目标

1. 了解自身创新思维能力。

2. 通过小组交流，丰富个人的思维角度。

★ 实训流程

一、填写创新思维能力测试题

下面的10道测试题，如果符合你的情况，则选择“是”，不符合的选择“否”，拿不准的选择“不确定”。

1. 你认为那些使用古怪和生僻词语的作家，纯粹是为了炫耀。

A. 是　　B. 否　　C. 不确定

2. 无论什么问题，要让你产生兴趣，总比让别人产生兴趣要困难得多。

A. 是　　B. 否　　C. 不确定

3. 对那些经常做没把握事情的人，你不看好他们。

A. 是　　B. 否　　C. 不确定

4. 你常常凭直觉来判断问题的正确与错误。

A. 是　　B. 否　　C. 不确定

5. 你善于分析问题，但不擅长对分析结果进行综合、提炼。

A. 是　　B. 否　　C. 不确定

6. 你审美能力较强。

A. 是　　B. 否　　C. 不确定

7. 你的兴趣在于不断提出新的建议，而不在于说服别人去接受这些建议。

A. 是　　B. 否　　C. 不确定

8. 你喜欢那些一门心思埋头苦干的人。

A. 是　　B. 否　　C. 不确定

9. 你不喜欢提那些显得无知的问题。

A. 是　　B. 否　　C. 不确定

10. 你做事总是有的放矢，不盲目行事。

A. 是　　　　B. 否　　　　C. 不确定

二、结果诊断

根据表 1-5 的评分标准，进行自我测试结果诊断。

表 1-5　评分标准

题号	“是”评分	“否”评分	“不确定”评分
1	−1	2	0
2	0	4	1
3	0	2	1
4	4	−2	0
5	−1	2	0
6	3	−1	0
7	2	0	1
8	0	2	1
9	0	3	1
10	0	2	1

分数说明：

得分 22 分以上，则说明被测试者有较高的创造思维能力，适合从事环境较为自由，没有太多约束，对创新性有较高要求的职位，如美编、装潢设计、工程设计，软件编程人员等。

得分 21 ～ 11 分，则说明被测试者善于在创造性与习惯做法之间找出均衡，具有一定的创新意识，适合从事管理工作，也适合从事其他许多与人打交道的工作，如市场营销等。

得分 10 分以下，则说明被测试者缺乏创新思维。

笔记区

笔记区

三、分析思考

根据创新思维能力测试结果，初步分析与思考自己未来适合的工作范围。

◆ 知识拓展

换位法

换位思维就是指“设身处地”思考问题，有些矛盾和问题，只要当事人能够站在对方角度，设身处地进行思考，便不难解决。这种换位思考方法现在已被广泛使用，如医院急病人所急，为病人提供方便；商店从顾客需要出发，变换商品种类；厂家按照用户的要求进行产品改造。这种换位思维有益于开阔思路，发现一些原先体悟不到、认识不清、理解不了的东西，产生新的思维成果。

事例展示：

闻名于世的励志成功大师拿破仑·希尔，某年需要聘请一位秘书，于是在几家报刊上刊登了招聘广告，应聘的信件就如雪片般飞来。

但这些信件大多如出一辙，比如第一句话几乎都喜欢这样开头：

“我看到您在报纸上招聘秘书的广告，我希望可以应征到这个职位。

我今年××岁，毕业于××学校，我如果能荣幸被您选中，一定兢兢业业。”

拿破仑·希尔对此很失望，正琢磨着是否放弃这次招聘计划时，一封信件给了他全新的希冀，认定秘书人选非信的主人莫属。

这封信是这样写的：

“敬启者：您所刊登的广告一定会引来成百乃至上千封求职信，而

我相信您的工作一定特别繁忙，根本没有足够时间来认真阅读。

因此，您只需轻轻拨打一下这个电话，我很乐意过来帮助您整理信件，以节省您宝贵的时间。

您丝毫不必怀疑我的工作能力与质量，因为我已经有十五年的秘书工作经验。"

后来，拿破仑·希尔说："懂得换位思考，能真正站在他人的立场上看待问题、考虑问题，并能切实帮助他人解决问题，这个世界就是你的。"

评论：看简历等于看一堆不一定可信的话，是驴是马，拉出来遛遛不就知道了吗？

笔记区

实训四　学习创新方法——和田十二法

★　实训目标

1. 对和田十二法有一个基本认识。
2. 学会运用和田十二法来设计新产品，提高自身创新意识。

★　实训流程

一、了解和田十二法

我国研究者许立言和张福奎提出了如下十二个聪明方法，即和田十二法。这十二个创造发明的小方法，通俗易懂，易于操作，可以用这一方法来启发创新思维。

（1）加一加。能在这件东西上添加些什么？

（2）减一减。可在这件东西上减掉些什么？

（3）扩一扩。把这件东西扩展会怎样？

（4）缩一缩。让这件东西缩小会怎样？

（5）变一变。改变一下形状，颜色、声音、气味会怎样？改变下次序会怎样？

笔记区

（6）改一改。这件东西存在什么缺点需要改进？

（7）联一联。把这些东西搬到别的地方，能有其他用处吗？

（8）学一学。模仿其他事物的结构会有什么结果？学习它的原理、技术又有什么结果？

（9）代一代。有什么东西能代替另一些东西？

（10）搬一搬。把这些东西搬到别的地方，能有其他用处吗？

（11）反一反。一件东西、事物的正反、上下、左右、前后、横竖，里外颠倒一下，会有什么结果？

（12）定一定。为解决某个问题或改进某个东西，需要规定什么方面吗？

二、运用和田十二法来推导铅笔的用处

	铅笔的用处
加一加	
减一减	
扩一扩	
缩一缩	
变一变	
改一改	
联一联	
学一学	

（续表）

	铅笔的用处
代一代	
搬一搬	
反一反	
定一定	

笔记区

三、通过铅笔的用途推导出相似物品

铅笔 ↓　　　　相关事物 ↓

加一加的用途→________________

减一减的用途→________________

扩一扩的用途→________________

缩一缩的用途→________________

变一变的用途→________________

改一改的用途→________________

联一联的用途→________________

学一学的用途→________________

代一代的用途→________________

搬一搬的用途→________________

反一反的用途→________________

笔记区

定一定的用途→

四、分组分析

通过运用和田十二法对铅笔的用途进行推导，以及从铅笔的用途来推导具有类似用途的相关事物，在此基础上分组进行讨论并进行总结，回答以下问题。

1. 你认为在运用和田十二法对事物产生新设想时，最应注意的问题是什么？

2. 通过上述训练，你认为和田十二法中最值得借鉴的地方是什么？

3. 通过运用和田十二法对事物进行推导，然后得出全新的结论，你从中收获了什么？

笔记区

◆ 知识拓展

创新方法：奥斯本检核表法

亚历克斯•奥斯本是美国创新技法和创新过程之父。1941年出版《思考的方法》，提出了世界第一个创新发明技法“智力激励法”；1941年出版世界上第一部创新学专著《创造性想象》，提出了“奥斯本检核表法”。

奥斯本检核表法是指以该技法的发明者奥斯本命名，引导主体在创造过程中对照9个方面的问题进行思考，以便启迪思路、开拓思维想象的空间，促进人们产生新设想、新方案的方法。

奥斯本检核表法有利于提高发明创新的成功率。创新发明的最大敌人是思维的惰性。大部分人的思维总是自觉和不自觉沿着长期形成的思维模式来看待事物，对问题不敏感，即使看出了事物的缺陷和毛病也懒于去进一步思考，不爱动脑筋，不进行积极的思考，因而难以有所创新。而奥斯本检核表法设计特点之一就是多向思维，用多条提示引导你去发散思考。

奥斯本检核表法中有九个问题，就好像有九个人从九个角度在帮助你思考，如表1-6所示。你可以把九个思考点都试一试，也可以从中挑选出一、两条集中精力深思。检核表法使人们突破了不愿提问或是不善提问的心理障碍，在进行逐项检核时，强迫人们扩展思维，突破旧的思

笔记区

维框架，开拓了创新的思路，有利于提高创新的成功率。

表 1-6 奥斯本的检核表法

检核项目	含义
能否他用	现有的事物有无其他的用途、保持不变能否扩大用途，稍加改变有无其他用途。
能否借用	能否引入其他的创造性设想；能否模仿别的东西；能否从其他领域、产品、方案中引入新的元素、材料、造型、原理、工艺、思路。
能否改变	现有事物能否做些改变，如：颜色声音、味道、式样、花色、音响、品种、意义、制造方法；改变后效果如何。
能否扩大	现有事物可否扩大适用范围；能否增加使用功能；能否添加零部件；能否延长它的使用寿命，增加长度、厚度、强度、频率、速度、数量、价值。
能否缩小	现有事物能否体积变小、长度变短、重量变轻、厚度变薄以及拆分或省略某些部分（简单化）；能否浓缩化、省力化、方便化、短路化。
能否替代	现有事物能否用其他材料、元件、结构、力、设备力、方法、符号、声音等代替。
能否调整	现有事物能否变换排列顺序、位置、时间、速度、计划、型号；内部元件可否交换。
能否颠倒	现有的事物能否从里外、上下、左右、前后、横竖、主次、正负、因果等相反的角度颠倒过来用。
能否组合	能否进行原理组合、材料组合、部件组合、形状组合、功能组合、目的组合等。

项目二　建立创业思维

法国经济学家将创业思维定义为人们在不确定的环境下所做出的应急商业判断。创业思维作为一种应急商业判断，强调的是一种解决问题的观念和方法，尝试找到机会并利用机会，帮助创业者寻找到成功之路。

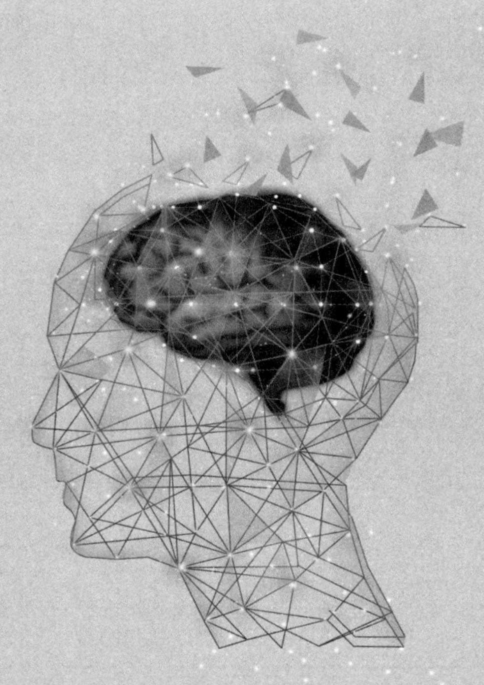

笔记区

实训一 初识创业

★ 实训目标

1. 通过与创业者交流、探讨，了解创业相关情况。
2. 学会从案例中提取创业的内涵。
3. 通过小组交流，丰富个人的见解。

★ 实训流程

一、走访创业者

寻找一位你身边熟悉的创业者，与他进行交流，探讨下列问题，并将你走访的情况记录下来。

访谈人物选择标准：你选定的创业者不能是家族成员或朋友，希望通过自己的努力，找到目标创业者，同时学会主动扩大自己的人脉资源，锻炼获取人脉资源的能力：你可选择校友中的创业者，你可以利用教师、创业协会等校内资源，寻求他们的帮助（建议你高标准选择创业者，建议标准为：企业成立3年以上，前一年的盈利在100万元以上，创业者本科学历以上，运营的项目具有明显的创新点，具有一定的行业或区域影响力）。

二、走访情况记录

1. 创业者年龄：________________________________
2. 创业者学历：________________________________
3. 公司注册时间：______________________________
4. 公司项目概述：

____

____

____

____

5. 公司业务进展情况：

6. 公司人员与业务规模：

7. 年度公司营业收入：

8. 创业者对创业的感受：

9. 创业者的价值观是什么？他是怎样看待创业精神的？

笔记区

笔记区

10. 创业者当初为什么会创业？对企业今后的发展有什么打算？

11. 创业者为什么选择这个项目创业？

12. 最后你可以向创业者询问联系方式，如电话、微信、QQ、邮箱等，以便日后有时间再进行深入的讨论。

三、分析思考

在完成访谈任务的基础上，请你思考并回答问题

1. 请用 5 个关键词说明你目前的价值观。

2. 在哪 3 种情况下你会考虑创业？

3. 你通过哪些途径发现创新创业机会？请列举出 3 个途径。

4. 你最担心的创业风险有哪些？请列举 3 个。

5. 你最关注哪些创业资源，请列举 3 个。

6. 你希望自己的创业团队可以体现出哪些价值观特性？请列举 5 个关键词。

7. 请你给创业下一个定义。

笔记区

笔记区

8. 请你给创新下一个定义。

9. 你怎样看待创新与创业之间的关系？

10. 记录一下你访谈创业者的整体感受。

四、小组协作

找 2 ～ 4 位同学，组成一个学习小组，也可在教师的指导下组成小组。在每个成员都完成了创业者访谈与自我思考的基础上，将你们小组达成的共识记录下来。

1. 小组目前一致认同的价值观有哪些？

2. 在哪种情况下你们会考虑创业？

3. 大家认为发现创新创业机会的途径有哪些？请列举不少于3条具有可操作性的途径。

4. 大家最担心的创业风险有哪些？

5. 大家最希望得到的创业资源有哪些？

6. 大家希望共同组成的这个创业团队具有哪些价值观特性？用不少于6个关键词概括。

笔记区

笔记区

◆ 知识拓展

创业意识

1. 商机意识

真正的创业者，会在他创业之前、创业中和创业后各个阶段始终面临着识别商机、发现市场的考验。他必须有足够的市场敏锐度，可以宏观地审视经济环境，洞察未来市场形势的走向，以便做出正确的决策来保证企业的持续发展。

2. 转化意识

仅有商机意识是不够的，还要在机会来临时抓住它，也就是把握机会，把商机转化成实实在在的收入和公司的持续运作，最终实现自己的创业梦想。转化意识就是把商机、机会等转化为生产力：把你的才能、你在学校学到的知识转化为智力资本、人际关系资本和营销资本。

3. 战略意识

创业初期给自己制定一个合理的创业计划，解决如何进入市场，如何卖出产品等基本问题。创业中期需要制定整合市场、产品、人力方面的创业策略，转换创业初期战略。需要指出的是，创业战略不止有一种，也没有绝对的好坏之分，关键要适合自己的创业之路。在这条路上应时刻保持着战略的高度，不以朝夕得失论成败。

4. 风险意识

创业者要认真分析自己在创业过程中可能会遇到哪些风险等将面临的问题，一旦这些风险出现，要懂得应该如何应对和化解。大学生是否具备风险意识和规避风险的能力，将直接影响到创业的成败。

5. 资源整合意识

资源整合是指企业对不同来源、不同层次、不同结构、不同内容的资源进行识别与选择、汲取与配置、激活和有机融合，使其具有较强的柔性、条理性、系统性和价值性，并创造出新的资源的一个复杂的动态过程。资源整合，是企业战略调整的手段，也是企业经营管理的日常工作。整合就是要优化资源配置，就是要有进有退、有取有舍，就是要获得整体的最优。

实训二　创业能力测试

笔记区

★ 实训目标

1. 通过填写测试题了解自己的性格。

2. 参考测试题结果，自己适不适合创业。

★ 实训流程

一、理性头脑测试

有一天，你接到了三个邀请，但恰好都是周末同一天的下午：1. 中国的首富在某报告厅讲他成功的辉煌经历，听了让人热血沸腾；2. 一个知名老板讲述几起几落的失落，不讲辉煌专讲失败的经历：3. 十多年未见的一群同学聚会，不能错过。你会选择哪一个？

1. 听成功故事；

2. 听失败的故事；

3. 选择同学聚会。

选择结果分析：

这道题是测试一个人是否有理性头脑。众多的创业者都属于“激情”创业。创业要有激情，但光有激情不够。很多人太受那些成功故事的激励，热血沸腾，往往不分析自己的能力，不管市场时机，更不管多少人失败，毅然决然地为了创业而创业，不愿意“给人打工”的强烈心理，认为失败是别人的，别人的成功完全可以复制到自己头上，自己的成功似乎就在明天。激情万丈，甚至借钱创业，不顾一切，这是可怕的。

1. 有创业的强烈激情，但缺乏理性，要创业的话失败可能性大。成功者辉煌的成功故事随处可见，不是难得的资料；而且一个人在成功的时候，他所讲述的成功传奇，不能给创业者带来真正的启示。

2. 有创业想法，也不乏理性，适合创业。大多数人都喜欢看成功的故事，以激励自己；但一个人成功了个人，其背后还有九百九十九个失败者。想要创业，没有人不想成功，但如果一开始不多想想失败？将来多半失败。

笔记区

失败者的故事很少受关注，也很少有人愿意讲出来，但恰恰失败者的总结往往最珍贵。

3. 正在奋斗阶段，要不断地提升自己。讲演是对你事业上有所启示，错过了就不再有；而同学聚会则今天不去明天还可以，同学永远是同学，感情不会因为。

二、恒心和定力测试

你付出了很多才华、智慧和心血，为公司读成了一笔又一笔生意。但很多同事对你很是嫉妒，背后经常说你的坏话，并造谣说你拿了回扣等等。你会选择怎么做？

1. 一有机会你就跟人解释；

2. 有些沮丧；

3. 一笑了之；

4. 枪打出头的鸟，以后少卖力，跟大家一样。

选择结果分析：

这道题是测试一个人是否有恒心和定力。创业，往往都会经历最艰苦的阶段，甚至周围的人都说风凉话，团队成员也打退堂鼓，这时候你作为创业核心成员，如果没有八风不动的定力而是人云亦云，那么你不适合创业，创业中遇到困难也会退缩。

选 1，2，4 都不适合创业；而选 3 的性格是创业型人才应有的性格。有些事，不是靠解释就能澄清的，唯有让时间去作证。自己认为正确的路，就要坚定地走下去，冷嘲热讽不能动摇你，挫折失败让你更坚强。

三、创新意识测试

由于工作中的应酬很多，因此你经常在外面的酒店用餐。你平时喜欢吃东北菜。一次，一个客户招待你，但他招待你的酒店你没来过，菜肴风味是贵州风味，是你以前从没吃过的。虽然该酒店特色是贵州菜，但也有东北菜，客户让每人点一个菜，你会点哪一个？

1. 点平时最喜欢的东北菜；

2. 点一个没吃过的贵州特色菜；

3. 请服务员随便推荐一个菜；

4. 犹犹豫豫，不知道点什么好，不愿自己点菜，最后让对方代劳了，点什么吃什么不挑剔。

选择结果分析：

这道测试题是测试一个人是否有创新意识。一个创业型人才，创新的头脑必须具备。保守的人，无法勇敢地迈出创业的第一步。从吃菜上可以看出一个人的性格。一个从不想尝试没吃过的菜的人，是比较保守的人，不适合创业。

1. 你很保守，不乐于创新，不适合创业，喜欢按部就班，适合在大公司里稳步地发展。

2. 你是个乐观、做事果断，不太拘小节的人，容易跨出创业的第一步。

3. 这种人多是观从型的，没有自己的主见，习惯于顺从别人的意见，是个很好的下属。有执行力，没有决策力。

4. 做事一丝不苟、慎重，但你的谨慎往往是因为过分考虑对方立场所致。对自己的想法没有自信，常顺从别人的意见，易受人影响，不适合创业。

四、团队观念测试

坐你对面的一位同事，工作上很有才华，但是他不拘小节，单位组织集体活动他也经常不参加。这次单位组织集体游玩活动，领导让你参与组织，你是组织者之一。到了旅游景点，大家三五成群地走，唯独他没人搭理。看到这个情况，你会怎么做？

1. 既然是出来玩，怎么高兴怎么玩，不用管他；

2. 发动几位同事带着他一起玩儿；

3. 心想：他让人扫兴，类似的活动他不来更好。

选择结果分析：

这道测试题是测试一个人是否具有团队作战精神及领导才能。创业，总是需要各种人才，而各类人才都不是十全十美的。你是否能团结他、容忍他、调动他，能看出你是否具备领导团队作战的领导能力，以及你是否具有团队意识。

笔记区

笔记区 

选择 1 的，属于单打独奏型的人，独立作战可以，带兵打仗不成；选择 3 的，属于偏激、眼里不容沙子、对人要求极为苛刻、不宽容的人，不适合做将帅之才；选择 2 的，有宽容的心、有细致的心、有带领团队一起作战的领导才能，属情感智商高的类型，这些都是创业型人才所必备的品格。

五、心理素质测试

公司下班了，你正在加班。突然一个客户来到办公室又踢又嚷，情绪十分激动。而此时，客户服务经理已经下班不在，公司领导也在外开会一天没来，公司里只有十几个跟自己一样加班的同事。客户一直在前台那里嚷嚷。遇到这种情况，你会怎么做？

1. 你拿起桌上的电话报警，让警察或者保安出面处理；
2. 公司分工很明确，不是自己部门的事不必多管；
3. 代表公司出面临时接待下，周旋、处理、安抚下客户。

选择结果分析：

这道测试题，是测试一个人是否具有敢于直接担责任、接受挑战的心理素质。创业，有很多棘手的麻烦只能独自去面对，躲避不掉，更不是每件事都可以提前预料。遇到好事就往前冲、遇到一点麻烦就往后溜的人，不是能敢于直面挑战和各种压力的人，不适合创业。

选择 1 的，处理事情以硬碰硬，过于冲动，面对创业过程中可能出现的各种棘手的事容易采取过激的方法来处理；选择 2 的，属于明哲保身的人，是个好员工，但不会是个能创业的人；选择 3 的，做事果断而不失去理性，心理素质较高，能担负起责任和压力，这是创业型人才所必需的心理素质。

◆ 知识拓展

创业者的类型

根据创业内容的不同及创业动机的不一样，创业者按创业内容可分为以下几类：生产型、管理型、市场型、技术型和金融型。

1. 生产型创业者

生产型创业者是指通过创办企业推出产品的创业者，这种产品通常

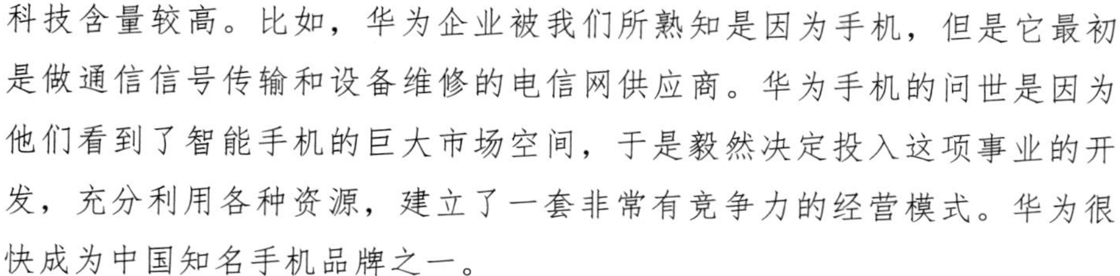

科技含量较高。比如，华为企业被我们所熟知是因为手机，但是它最初是做通信信号传输和设备维修的电信网供应商。华为手机的问世是因为他们看到了智能手机的巨大市场空间，于是毅然决定投入这项事业的开发，充分利用各种资源，建立了一套非常有竞争力的经营模式。华为很快成为中国知名手机品牌之一。

2. 管理型创业者

管理型创业者是指那些综合能力较强的创业者，他们对专业知识并不十分精通，但能够通过各种有效的管理手段带动企业前进。例如，钢铁大王卡耐基，最初对钢铁生产知识知之甚少，但他看准了钢铁制造业的发展前景，迅速网罗人才进行创业，打造了自己的钢铁帝国。

3. 市场型创业者

市场类创业者的一个重要特点就是注重市场，善于把握机会。中国改革开放以来，涌现出大批的市场型创业者。例如，海尔集团总裁张瑞敏，正是抓住市场转型期的大好机遇，将海尔发展壮大的。

4. 科技型创业者

科技型创业者多与高校和科研机构相关联，以高科技为依托创办企业。20 世纪 80 年代后，为了鼓励科技成果转化为生产力，国家推出了一系列鼓励高等院校创办企业的措施。当今许多知名的高科技企业的前身就是原来的“校办企业”和科研院所的“所办企业”，如清华同方等。

5. 金融型创业者

金融类创业者实际上就是一种风险投资家，他们向企业提供的不仅仅是资金，还有更重要的部分——专业特长和管理经验。他们不仅参与企业经营方针的制订，还参与企业营销战略的制订、资本运营乃至人力资源管理。

笔记区

笔记区

实训三　进行职业兴趣测试

★ 实训目标

1. 了解自身的职业兴趣和职业价值观。

2. 了解自己的创业意向。

★ 实训流程

你是否无数次地听人说过“如果你所做的是自己热爱的事情，那么金钱和其他回报都会自然而然地向你靠拢”或者类似的表述呢？你是否因为“我知道自己喜欢什么，可是我不知道我所喜欢的东西会存在于职场的哪些方面。”而感到郁闷？没关系，大名鼎鼎的约翰·霍兰德（John Holland）已经对此提出了理论和测试，这里我们提供了本土化之后的霍兰德测评，可以有效地帮助你找到自己的兴趣，找到自己职业的兴趣趋向。通过测试了解一下你的职业兴趣吧！

一、进行霍兰德职业兴趣倾向测验

（一）选择你感兴趣的活动

见表 2-1 列举的若干种活动，请就这些活动判断你的好恶。喜欢的活动计 1 分，不喜欢的活动不计分。

表 2-1　兴趣量表

R：实际型活动	A：艺术型活动
1. 装配、修理电器或玩具	1. 素描、制图或绘画
2. 修理自行车	2. 参加话剧或戏剧
3. 用木头做东西	3. 设计家具、布置室内
4. 开汽车或摩托车	4. 练习乐器、参加乐队
5. 用机器做东西	5. 欣赏音乐或戏剧
6. 参加木工技术学习班	6. 看小说、读剧本
7. 参加制图描图学习班	7. 从事摄影创作
8. 驾驶卡车或拖拉机	8. 写诗或吟诗
9. 参加机械和电气学习班	9. 进艺术（美术、音乐）培训班
10. 装配、修理机器	10. 练习书法

（续表）

I：探索型活动	S：社会型活动
1. 读科技图书或杂志 2. 在实验室工作 3. 改良水果品种，培育新的水果 4. 调查了解土和金属等物质的成分 5. 研究自己选择的特殊问题 6. 解算术或数学题 7. 物理课 8. 化学课 9. 几何课 10. 生物课	1. 参加单位组织的正式活动 2. 参加社会团体或俱乐部活动 3. 帮助别人解决困难 4. 照顾儿童 5. 出席晚会、联欢会、茶话会 6. 和大家一起出去郊游 7. 获得关于心理学方面的知识 8. 参加讲座或辩论会 9. 观看或参加体育比赛和运动会 10. 结交新朋友
E：管理型活动	**C：常规型活动**
1. 鼓动他人 2. 卖东西 3. 谈论政治 4. 制定计划、参加会议 5. 以自己的意志影响别人的行为 6. 在社会团体中担任职务 7. 检查与评价别人的工作 8. 结交名流 9. 指导有某种目标的团体 10. 参与政治活动	1. 整理好桌面与房间 2. 抄写文件和信件 3. 为领导写报告或公务信函 4. 检查个人收支情况 5. 参加打字培训班 6. 参加算盘、文秘等实务培训班 7. 参加商业会计培训班 8. 参加情报处理培训班 9. 整理信件、报告、记录等 10. 写商业贸易信

笔记区

（二）选择你擅长的活动

见表 2-2 列举的若干种活动，请选择你能做或大概能做的计 1 分，从没做过或不擅长的不计分。

表 2-2　潜能量表

R：实际型能力	A：艺术型能力
1. 能使用电锯、电钻、锉刀等木工工具 2. 知道万用电表的使用方法 3. 能修理自行车或其他机械 4. 能使用电钻、磨床或缝纫机	1. 能演奏乐器 2. 能参加二部或四部合唱 3. 能独唱或独奏 4. 能扮演剧中角色

笔记区

（续表）

5. 能给家具和木制品刷漆 6. 能看懂建筑设计图 7. 能修理简单的电气用品 8. 能修理家具 9. 能修理收录机 10. 能简单地修理水管	5. 能创作简单的乐曲 6. 会跳舞 7. 能绘画、素描或书法 8. 能雕刻、剪纸或泥塑 9. 能设计板报、服装或家具 10. 能写一手好文章
I：探索型能力	**S：社会型能力**
1. 懂得真空管或晶体管的作用 2. 能够列举三种蛋白质多的食品 3. 理解铀的裂变 4. 会使用计算尺、计算器、对数表 5. 会使用显微镜 6. 能找到三个星座 7. 能独立进行调查研究 8. 能解释简单的化学现象 9. 理解人造卫星为什么不落地 10. 经常参加学术会议	1. 有向各种人说明解释的能力 2. 经常参加社会福利活动 3. 能和大家一起友好相处地工作 4. 善于与年长者相处 5. 会邀请人、招待人 6. 能用简单易懂的方式教育儿童 7. 能安排会议的活动顺序 8. 善于体察人心、帮助他人 9. 能帮助护理病人和伤员 10. 能安排社团组织的各种事务
E：管理型能力	**C：常规型能力**
1. 担任过学生干部并且干得不错 2. 工作上能指导和监督他人 3. 做事充满活力和热情 4. 能有效利用自身的做法调动他人 5. 销售能力强 6. 曾担任俱乐部或社团的负责人 7. 向领导提出建议或反映意见 8. 有开创事业的能力 9. 知道怎样成为一个优秀的领导者 10. 健谈善辩	1. 能熟练地打字 2. 会使用外文打字机或复印机 3. 能快速记笔记和抄写文章 4. 善于整理、保管文件和资料 5. 善于从事事务性的工作 6. 会使用算盘 7. 能在短时间内分类和处理大量文件 8. 会使用计算机 9. 善于搜集数据 10. 善于为自己或集体做财务预算表

（三）选择你喜欢的职业

见表 2-3 列举是多种职业，请选择你喜欢的职业计 1 分，不太喜欢或不关心的职业不计分。

表 2-3　潜能量表

R：实际型职业	A：艺术型职业
1. 飞机机械师 2. 野生动物专家 3. 汽车维修工 4. 木匠 5. 测量工程师 6. 无线电报务员 7. 园艺师 8. 长途公共汽车司机 9. 电工 10. 火车司机	1. 乐队指挥 2. 演奏家 3. 作家 4. 摄影家 5. 记者 6. 画家、书法家 7. 歌唱家 8. 作曲家 9. 电影电视演员 10. 电视节目主持人
I：探索型职业	**S：社会型职业**
1. 气象学或天文学者 2. 生物学者 3. 医学实验室的技术人员 4. 人类学者 5. 动物学者 6. 化学家 7. 数学家 8. 科学杂志的编辑或作家 9. 地质学家 10. 物理学家	1. 街道、工会或妇联干部 2. 小学、中学教师 3. 精神病医生 4. 婚姻介绍所工作人员 5. 体育教练 6. 福利机构负责人 7. 心理咨询员 8. 共青团干部 9. 导游 10. 国家机关工作人员
E：管理型职业	**C：常规型职业**
1. 厂长 2. 电视片编制人 3. 公司经理 4. 销售员 5. 不动产推销员 6. 广告部长 7. 体育活动主办者 8. 销售部长 9. 个体工商业者 10. 企业管理咨询人员	1. 会计师 2. 银行出纳员 3. 税收管理员 4. 计算机操作员 5. 簿记人员 6. 成本核算员 7. 文书档案管理员 8. 打字员 9. 法庭书记员 10. 人口普查登记员

笔记区

笔记区 

（四）你的能力类型简评

6 个职业能力方面的自我评定表见表 2-4，请在表中数字上画圈，数值越大，表明能力越强。你可以先与同龄人比较在各方面的能力，然后对自己的能力进行评估。

表 2-4　能力类型简评

R 型	I 型	A 型	S 型	E 型	C 型
机械操作能力	科学研究能力	艺术创作能力	解释表达能力	商业洽谈能力	事务执行能力
7 6 5 4 3 2 1	7 6 5 4 3 2 1	7 6 5 4 3 2 1	7 6 5 4 3 2 1	7 6 5 4 3 2 1	7 6 5 4 3 2 1
R 型	I 型	A 型	S 型	E 型	C 型
体育技能	数学技能	音乐技能	交际技能	领导技能	办公技能
7 6 5 4 3 2 1	7 6 5 4 3 2 1	7 6 5 4 3 2 1	7 6 5 4 3 2 1	7 6 5 4 3 2 1	7 6 5 4 3 2 1

二、统计与解答

请将表 2-1 至表 2-4 的全部测验分数按 6 种职业倾向填入表 2-5，并纵向累加得出总分。

笔记区

表 2-5　职业倾向统计

测试内容		R型	I型	A型	S型	E型	C型
第一部分	兴趣						
第二部分	擅长						
第三部分	喜欢						
第四部分	能力						
总分							

现在，将你得分最高的3种职业倾向所对应的字母写下来：__________、__________、__________，即是你的霍兰德代码。请根据以下结果解析判断适合自己的职业类型。

（1）首字母解析（即你的测试结果中得分最高的字母所代表的含义）

现实型（R）：

人格特征：“安分随流、直率坦诚、实事求是、循规蹈矩、坚韧不拔、勤劳节俭”是对这类人的描述。他们的动手能力较强，喜欢与机器、工具打交道，喜欢实际操作，做事遵循一定的规则。他们追求安定、舒适的生活，通常表达能力不强，不善与人交际，思想较保守，对新鲜事物不太感兴趣，情感体验也不太丰富。

职业特征：需要进行明确的、具体分工的，并有一定程序要求的技术型、技能型职业，如木匠、农民、工程师、飞机机械师、鱼类和野生动物专家、自动化技师、机械工（车工、钳工等）、电工、无线电报务员、火车司机、长途公共汽车司机、机械制图员和电器师等。

探索型（I）：

人格特征：探索型的人对自然现象和自然规律很感兴趣，喜欢同观念而不是同人或事务打交道，对工作有着极大的热情；思维逻辑性较强，善于通过分析思考解决面临的难题，但并不一定实现具体的操作；喜欢面对

笔记区

疑问和不懈的挑战，不愿循规蹈矩，总是渴望创新；为人慎重而敏感，追求的是内在自我价值的实现，而非物质生活的质量。他们对自己的描述是“分析型的、内省的、独立的、好奇心强烈的和含蓄的”。

职业特征：善于通过观察和科学分析进行系统的创造性活动，一般研究对象侧重于自然科学而不是社会科学。适合这类人的职业有气象学、天文学等自然科学方面的科学工作者，化学技师、实验研究人员，建筑设计师，计算机程序设计员、工程师等。

艺术型（A）：

人格特征：艺术型的人有很强的自我表现欲，对自己十分自信，喜欢通过新颖的设计引起别人情感上的共鸣。他们的想象力很丰富，创造力很强，喜欢凭直觉做出判断，感情丰富可以为追求心中的理想不懈追求，但他们的生活也许是缺少秩序的。艺术型的人可以描述为“独立不倚、创新求异、热衷表现、激情洋溢、感情丰富和理想主义”。

职业特征：善于通过非系统化的、自由的活动进行艺术表现，但精细的操作能力较差。适合这类人的职业有演员、影视工作人员、画家、歌唱家、音乐演奏家、诗人、作家和工艺美术设计人员等。

社会型（S）：

人格特征：社会型的人有较强的社会责任感和人道主义倾向，社会适应能力较强。他们善于与人交往，喜欢周围有别人存在，对别人的事很感兴趣，乐于帮助别人解决难题。“助人为乐、有责任心、热情、开朗、友好、善良、易于合作”是对他们较好的描述。

职业特征：适于从事更多时间与人打交道的说服、教育和治疗职业，如教师、护士、心理学工作者、社会活动家等。

管理型（E）：

人格特征：管理型的人充满自信，喜欢竞争和冒险；好成为领导者，好支配他人，好与人争辩，总试图让别人接受自己的观点。他们不愿从事精细工作，不喜欢需要长期复杂思维的工作，不愿被人支配，不易与人合作。在别人眼中，他们是“敢作敢为的、信心百倍的、乐观的、冲动的、自我

显示的、精力旺盛的”。

职业特征：适于从事需要胆略、冒风险和承担责任的职业，主要是管理、决策方面的职业，如经理、推销员、电视节目主持人、政治家等。

常规型（C）：

人格特征：常规型的人喜欢有秩序的、安稳的生活，做事有计划；乐于执行上级安排的任务；不愿冒险，想象力和创造力较差。“循规蹈矩、踏实稳当、忠实可靠、顺从听话”等是对他们的描述。他们与现实型的人的区别在于对耗费大量体力和脑力的活动不感兴趣。

职业特征：适于从事严格按照固定的规则和方法进行的重复性、习惯性的活动。适合这类人的职业有会计、录入员、图书管理员、审计员、出纳员、秘书、邮递员、税务员、统计员等。

（2）霍兰德代码职业信息检索表

请按照你的霍兰德代码，对照表 2-6 找出与你兴趣类型一致的职业，对照的方法如下：①根据你的霍兰德代码找出相应的职业。例如，你的代码是 RIA，那么牙科技术员、陶工等就是符合你兴趣的职业；②寻找与你的霍兰德代码相近的职业。例如，你的霍兰德代码是 RIA，那么，由这三个字母组合而成的其他编号（如 IRA、IAR、ARI 等）所对应的职业，也可能较适合你的兴趣。

表 2-6　职业倾向统计

代码	对应职业
RIA	牙科技术员、陶工、建筑设计员、模型工、细木工
RIS	厨师、林务员、跳水员、潜水员、染色员、电器修理工、电工、纺织机器装配工、服务员、装玻璃工人、发电厂工人、焊接工
RIE	建筑和桥梁工程、环境工程、航空工程、公路工程、电力工程、信号工程、电话工程、一般机械工程、自动工程、矿业工程、海洋工程、交通工程等方面的技术人员、制图员、家政经济人员、计量员、农民、农场工人、农业机械操作员、清洁工、无线电修理工、汽车修理工、手表修理工、线路装配工、仓库管理员

笔记区

笔记区

（续表）

代码	对应职业
RIC	船上工作人员、接待员、杂志保管员、牙医助手、制帽工、磨坊工、石匠、机器制造工、机车（火车头）制造工、农业机器装配工、汽车装配工、缝纫机装配工、钟表装配和检验人员、电动器具装配工、鞋匠、锁匠、货物检验员、电梯机修工、托儿所所长、钢琴调音员、印刷工、卡车司机
RAI	手工雕刻工、模型制作人员、木工、印刷工、装订工
RSE	消防员、交通巡警，警察、门卫、理发师、房间清洁工、屠夫、锻工、开凿工人、管道安装工、出租汽车驾驶员、货物搬运工、送报员、勘探员、娱乐场所的服务员、起卸机操作工、灭害虫者、电梯操作工、厨房助手
RSI	纺织工、编织工、农业学校教师、某些职业课程（如艺术、商业、技术、工艺课程）教师、雨衣上胶工
REC	抄水表员、保姆、动物饲养员、动物管理员
REI	轮船船长、航海领航员、大副、试管实验员
RES	旅馆服务员、家畜饲养员、渔民、渔网修补工、水手长、收割机操作工、搬运行李工人、公园服务员、救生员、登山导游、火车工程技术员、铺轨工人
RCI	测量员、勘测员、仪表操作员、农业工程师、化学工程技师、民用工程技师、石油工程技师、资料室管理员、煅烧工、烧窖工、矿工、保养工、磨床工、取样工、样品检验员、纺纱工、炮手、漂洗工、电焊工、锯木工、刨床工、制帽工、手工缝纫工、油漆工、染色工、按摩工、木匠、电影放映员、勘测员助手
RCS	公共汽车驾驶员、一等水手、游泳池服务员、裁缝、石匠、烟囱修建工、混凝土工、电话修理工、爆炸手、邮递员、矿工、裱糊工、纺纱工
RCE	打井工、吊车驾驶员、农场工人、邮件分类员、铲车司机、拖拉机司机
IAS	普通经济学家、农场经济学家、财政经济学家、国际贸易经济学家、实验心理学家、工程心理学家、哲学家、内科医生、数学家
IAR	人类学家、天文学家、化学或物理学家、动物标本剥制者、化石修复者、艺术品管理者
ISE	营养学家、饮食顾问、火灾检查员、邮政服务检查员

（续表）

代码	对应职业
ISC	侦察员、播音室或电视修理服务员、验尸室人员、编目录者、医学检验师、调查研究员
ISR	水生生物学者、昆虫学者、微生物学家、配镜师、矫正视力者、细菌学家、牙科医生、骨科医生
ISA	实验心理学家、普通心理学家、发展心理学家、教育心理学家、社会心理学家、临床心理学家、皮肤病学家、精神病学家、妇产科医师、眼科医生、五官科医生、医学实验室技术专家、民航医务人员、护士
IES	细菌学家、生理学家、化学专家、地质专家、地理或物理学专家、纺织技术专家、医院药剂师、工业药剂师、药房营业员
IEC	档案保管员、保险统计员
ICR	质量检验技术员、地质学技师、工程师、法官、图书馆技术辅导员、计算机操作员、医院听诊员、家禽检查员
IRA	地理学家、地质学家、矿物学家、古生物学家、石油学家、地震学家、声学物理学家、原子和分子物理学家、电学和磁学物理学家、气象学家、设计审核员、人口统计学家、数学统计学家、外科医生、城市规划家、气象员
IRS	流体物理学家、物理海洋学家、等离子体物理学家、农业科学家、动物学家、食品科学家、园艺学家、植物学家、细菌学家、解剖学家、动物病理学家、作物病理学家、药物学家、生物化学家、生物物理学家、细胞生物学家、临床化学家、遗传学家、分子生物学家、质量控制工程师、地理学家、兽医、放射性治疗技师
IRE	化验员、化学工程师、纺织工程师、食品技师、渔业技术专家、材料和测试工程师、电气工程师、土木工程师、航空工程师、行政官员、冶金专家、原子核工程师、陶瓷工程师、地质工程师、电力工程师、口腔科医生、牙科医生
IRC	飞机领航员、飞行员、物理实验室技师、文献检查员、农业技术专家、动植物技术专家、生物技师、油管检查员、工商业规划者、矿藏安全检查员、纺织品检验员、照相机修理工、工程技术员、计算机程序员、工具设计者、仪器维修工
CRI	簿记员、会计、计时员、铸造机操作工、打字员、按键操作工、复印机操作工

笔记区

笔记区

（续表）

代码	对应职业
CRS	仓库保管员、档案管理员、缝纫工、讲述员、收款人
CRE	标价员、实验室工作者、广告管理员、自动打字机操作员、电动机装配工、缝纫机操作工
CIS	记账员、顾客服务员、报刊发行员、土地测量员、保险公司职员、会计师、估价员、邮政检查员、外贸检查员
CIE	打字员、统计员、支票记录员、订货员、校对员、办公室工作人员
CIR	校对员、工程职员、海底电报员、检修计划员、发报员
CSE	接待员、通讯员、电话接线员、卖票员、旅馆服务员、私人职员、商学教师、旅游办事员
CSR	货运代理商、铁路职员、交通检查员、办公室通信员、簿记员、出纳员、银行财务职员
CSA	秘书、图书管理员、办公室办事员
CER	邮递员、数据处理员、办公室办事员
CEI	推销员、经济分析家
CES	银行会计、记账员、秘书、速记员、法院报告人
ECI	银行行长、审计员、信用管理员、地产管理员、商业管理员
ECS	信用办事员、保险人员、各类进货员、海关服务经理、售货员、会计
ERI	建筑物管理员、工业工程师、农场管理员、护士长、农业经营管理人员
ERS	仓库管理员、房屋管理员、货栈监督管理员
ERC	邮政局长、渔船船长、机械操作领班、木工领班、瓦工领班、驾驶员领班
EIR	科学、技术和有关周期出版物的管理员
EIC	专利代理人、鉴定人、运输服务检查员、安全检查员、废品收购人员
EIS	警官、侦察员、交通检验员、安全咨询员、合同管理者、商人
EAS	法官、律师、公证人
EAR	展览室管理员、舞台管理员、播音员、驯兽员

（续表）

代码	对应职业
ESC	理发师、裁判员、政府行政管理员、财政管理员、工程管理员、售货员、商业经理、办公室主任、人事负责人、调度员
ESR	家具售货员、书店售货员、公共汽车驾驶员、日用品售货员、护士长、自然科学和工程的行政领导
ESI	博物馆管理员、图书馆管理员、古迹管理员、饮食业经理、地区安全服务管理员、技术服务咨询者、超级市场管理员、零售商品店店员、批发商、出租汽车服务站调度员
ESA	博物馆馆长、报刊管理员、音乐器材售货员、导游、（轮船或飞机上的）事务长、飞机上的服务员、船员、法官、律师
ASE	戏剧导演、舞蹈教师、广告撰稿人、报刊专栏作者、记者、演员、翻译
ASI	音乐教师、乐器教师、美术教师、管弦乐指挥、合唱队指挥、歌星、演奏家、哲学家、作家、广告经理、时装模特
AER	新闻摄影师、电视摄影师、艺术指导、录音指导、丑角演员、魔术师、木偶戏演员、骑士、跳水员
AEI	音乐指挥、舞台指导、电影导演
AES	流行歌手、舞蹈演员、电影导演、广播节目主持人、舞蹈教师、口技表演者、喜剧演员、模特
AIS	画家、剧作家、编辑、评论家、时装艺术大师、新闻摄影师、文学作者
AIE	花匠、皮衣设计师、工业产品设计师、剪影艺术家、雕刻家
AIR	建筑师、画家、摄影师、绘图员、环境美化工、园艺师、雕刻家、包装设计师、陶器设计师、绣花工、漫画家
SEC	社会活动家、退伍军人服务官员、工商会事务代表、教育咨询者、宿舍管理员、旅馆经理、饮食服务管理员
SER	体育教练、游泳指导
SEI	大学校长、学院院长、医院行政管理员、历史学家、家政经济学家、职业学校教师、资料员
SEA	娱乐活动管理员、国外服务办事员、社会服务助理、一般咨询者、宗教教育工作者

笔记区

（续表）

代码	对应职业
SCE	福利机构职员、生产协调人、环境卫生管理人员、戏院经理、餐馆经理、售票员
SRI	外科医师助手、医院服务员
SRE	体育教师、职业病治疗者、体育教练、专业运动员、房管员、儿童家庭教师、警察、引座员、传达员、保姆
SRC	护理员、护理助理、医院勤杂工、理发师、学校儿童服务人员
SIA	社会学家，学校心理学家，政治科学家，大学或学院的系主任，大学法律、数学、医学、教育学、物理学、社会科学、生命科学、工程和建筑课程的教师，研究生助教，成人教育教师
SIE	营养学家、饮食学家、海关检查员、安全检查员、税务稍查员、校长
SIC	描图员、兽医助手、诊所助理、体检检查员、监督缓刑犯的工作者、娱乐指导者、咨询人员、社会科学教师
SIR	理疗员、救护队工作人员、手足病医生、职业病治疗助手

项目三　识别与评估创业机会

机会识别是创业过程的一个重要部分，是创业者评估机会及开发利用的先导，不仅对于完善既有的创业理论，而且对于指导创业实践和创业教育都具有十分重要的意义。

笔记区

实训一　识别身边的创业机会

★ 实训目标

1. 学会识别身边的创业机会。
2. 认识到创业机会对于未来发展的重要性。

★ 实训流程

一、收集创业信息

寻找创业机会的前提就是要收集创业信息，在班级里以小组为单位，进行创业信息的收集，从中发现创业机会。可以参考表 3-1 进行设置。

表 3-1　创业信息登记

信息收集方式	□问卷调查法	□电话问询法	□观察调查法	□收集二手市场信息法
信息收集渠道				
搜集的相关内容记录				
从收集到的信息中发现的商机	商机 1:	商机 2:	商机 3:	

二、识别创业机会

小组对收集信息中找到的商机，进行讨论，在此基础上分析和识别商机，并填入表 3-2，说出具有市场潜力和发展前景的创业机会。

表 3-2　创业机会分析

辨别方式	商机 1	商机 2	商机 3
行业现状			
发展环境			
经济效益			
竞争情况			
市场吸引力			
优劣条件			

三、总结汇报

各小组通过创业信息的收集、分析发现创业商机，在小组协作的过程中，将商机转变为创业机会，小组成员结合所得收获以及下面问题进行讨论，并将讨论结果制作成 PPT，最后选出一个代表，与同学们分享。

1. 通过此次调查，你从中收获了什么？

2. 你在收集信息的过程中，遇到了哪些问题？

笔记区

笔记区

3. 你是如何辨别有利商机的？请写出具体的步骤。

4. 你认为还可以通过哪些途径发现创业机会？

◆ 知识拓展

创业机会的分类

1. 按创业机会的来源分

按创业机会的来源分，创业机会可分为问题型机会、趋势型机会和组合型机会。

（1）问题型机会，是指由现实中存在的，未被解决的问题所产生的创业机会。问题型机会在人们的日常生活和企业实践中大量存在，如顾客的抱怨、大量的退货、服务质量差等，在这些问题的解决过程中，会存在着或大或小的创业机会，需要用心发掘。

（2）趋势型机会，是指在变化中看到未来的发展方向，预测到将来的潜力和机会。这种机会一般容易产生在重要领域改革或时代变迁的时期。

（3）组合型机会，是指将现有的两项以上的技术、产品、服务等因素组合起来，实现新的用途和价值而获得的创业机会。

2. 按目的一手段关系的明确程度分

按目的—手段关系的明确程度分，创业机会可分为识别型机会（目的—手段关系明确）、发现型机会（目的—手段关系有一方不明确）和创造型机会（目的—手段均不明确）三种。

（1）识别型机会，是指市场中的目的—手段关系十分明确时，创业者可通过目的—手段关系的连接来辨识的机会。例如，当商品供求之间出现矛盾或冲突、不能有效地满足需求时，就会出现大量的创业机会。常见的问题型机会大多属于这一类型。

（2）发现型机会，是指目的或手段任意一方的状况未知，等待创业者去发掘的机会。例如，一项技术被开发出来，但尚未有具体的商业化产品出现时，需要通过不断尝试来挖掘出其市场机会。

（3）创造型机会，是指目的和手段皆不明确，创业者要比他人更具先见之明，才能创造出的有价值的市场机会。

笔记区

实训二　创业机会的评估

★ 实训目标

1. 了解蒂蒙斯创业机会评价体系的主要内容。
2. 学会利用蒂蒙斯评价体系分析创业机会的可行性。

★ 实训流程

一、了解蒂蒙斯创业机会评价体系

富兰克林·欧林创业学杰出教授杰弗里·蒂蒙斯提出有名的蒂蒙斯创业过程模型。蒂蒙斯创业机会评价体系，给我们提供了一套系统的评价框架和可量化的指标体系，可以帮助创业导师和创业者科学深入地评价创业项目的可行性及其价值。

蒂蒙斯创业机会评价体系涉及行业和市场、经济因素、收获条件、竞

笔记区 

争优势等方面的53项指标见表3-3，通过定性或量化的方式，创业者可以利用这个体系模型对行业和市场统一，对竞争优势、财务指标和致命缺陷等作出判断，以此来评价一个创业项目或创业企业的投资价值和机会。

表3-3 杰弗里·蒂蒙斯创业机会评价

指标维度	具体指标
行业与市场	1. 市场容易识别，可以带来持续收入 2. 顾客可以接受产品或服务，愿意为此付费 3. 产品的附加价值高 4. 产品对市场的影响力高 5. 将要开发的产品生命力长久 6. 项目所在的行业是新兴行业，竞争力不完善 7. 市场规模大，销售潜力达到1000万～10亿元 8. 市场成长率在30%～50%甚至更高 9. 现有厂商的生产能力几乎饱和 10. 在5年内能占据市场的领导地位，达到20%以上 11. 拥有低成本的供货商，具有成本优势
经济价值	1. 达到盈亏平衡点所需要的时间在1.5～2年以下 2. 盈亏平衡点不会逐渐提高 3. 投资回报率在25%以上 4. 项目对资金的要求不是很大，能够获得融资 5. 销售额的年增长率高于15% 6. 有良好的现金流量，能占到销售额的20%～30%甚至更高 7. 能获得持久的毛利，毛利率要达到40%以上 8. 能获得持久的税后利润，税后利润要超过10% 9. 资产集中程度低 10. 运营资金不多，需求量是逐渐增加的 11. 研究开发工作对资金的要求不高
收获条件	1. 项目带来的附加价值具有较高的战略意义 2. 存在现有的或可预料的退出方式 3. 资本市场环境有利，可以实现资本的流动

（续表）

指标维度	具体指标
竞争优势	1. 固定成本和可变成本低 2. 对成本、价格和销售的控制较高 3. 已经获得或可以获得对专利所有权的保护 4. 竞争对手尚未觉醒，竞争较弱 5. 拥有专利或具有某种独占性 6. 拥有发展良好的网络关系，容易获得合同 7. 拥有杰出的关键人员和管理团队
管理团队	1. 创业者团队是一个优秀管理者的组合 2. 行业和技术经验达到了本行业内的较高水平 3. 管理团队的正直廉洁程度能达到较高水平 4. 管理团队知道自己缺乏哪方面的知识
致命缺陷	不存在任何致命缺陷
创业家的个人标准	1. 个人目标与创业活动相符合 2. 创业家可以做到在有限的风险下实现成功 3. 创业家能接受薪水减少等损失 4. 创业家渴望进行创业这种工作方式，而不只是为了赚大钱 5. 创业家可以承受适当的风险 6. 创业家在压力下状态仍然良好
理想与现实的战略性差异	1. 理想与现实情况相吻合 2. 管理团队已经是最好的 3. 在客户服务管理方面有很好的服务理念 4. 所创办的事业顺应时代潮流 5. 所采取的技术具有突破性，不存在许多替代品或竞争对手 6. 具备灵活的适应能力，能快速地进行取舍 7. 始终在寻找新的机会 8. 定价与市场领先者几乎持平 9. 能够获得销售渠道，或已经拥有现成的网络 10. 能够允许失败

蒂蒙斯创业机会评价体系主要适用于具有行业经验的投资人或资深创业者对创业企业的整体评价。该指标体系必须运用创业机会评价的定性与定量方法才能得出创业机会的可行性及不同创业机会间的优劣排序。格蒙

笔记区

笔记区

斯创业机会评价体系及其项目内容比较专业，大学生创业者在运用这方面要多了解创业行业、企业管理和团队资源等方面的经验信息，另一方面还要掌握这50多项指标内容的具体含义及评估技术。

蒂蒙斯创业机会评价体系是到目前为止最全面的评价指标体系，风险投资家通常使用其基于风险投的方面。创业家可以通过关注这些问题而受益。该评价体系的运用，要求使用者具备敏锐的创业嗅觉、清晰的商业认知、丰富的管理经验和系统的行业信息，要求较高。

二、利用蒂蒙斯创业机会评价体系来分析创业机会的可行性

小组成员用蒂蒙斯创业机会评价体系分析之前搜集到的创业机会的可行性，填入表3-4。

表3-4　蒂蒙斯创业机会评价体系分析表

指标维度	具体指标
行业与市场	
经济价值	
收获条件	
竞争优势	
管理团队	

（续表）

指标维度	具体指标
致命缺陷	
创业家的个人标准	
理想与现实的战略性差异	

三、创业机会评估

通过分析创业机会的可行性来评估创业机会本身所具有的特性，并针对这一特性提出具体的方案，可以从以下 4 个角度进行思考。

1. 创业机会潜在的优势是什么？

2. 创业机会存在的不足是什么？

3. 创业机会依据的现实条件是什么？

笔记区

笔记区

4. 创业机会实现的可能性有哪些？

四、思考总结

1. 在对创业机会进行分析和评估的过程中，你认为最重要的是什么？请据此写出你的一些观点或看法。

2. 就现在自身的情况，你是如何看待创业机会的？

◆ 知识拓展

适合大学生的创业机会

对于想创业的大学生来说，最好是依托自身的优势，以此起步，进而逐渐提高创业活动的层次。这里总结了六种适合大学生的典型的创业机会。

1. 满足大学生学习和生活需求的产品和服务

大学生创业者对于学生市场的需求是最为了解的，这是多数大学生开始创业时首先考虑到的方向。创业者可以通过回顾自己在大学生活中

遇到的问题或日常所需，也可以通过对在校大学生进行问卷调查，从而了解大学生的各种重要需求，然后从中挑选出最适合自身资源的创业机会。做校园代理是大学生常见的创业方式，如考研、考证、旅游、手机卡等大学生常用的产品，这些业务的成本和风险都比较低。

2．特色零售店或服务项目

零售和服务行业的进入门槛不高，对资金、技术和团队的要求较低，服务的对象又非常广泛。随着消费者需求的持续变化，创业机会层出不穷，每年都会有新的模式和新的企业迅速崛起，这一行业适合于多数大学生进行创业。零售和服务行业最需要的就是商业模式和服务的创新，创业者把自己的独特创意融入其中，就有可能开创出新的零售模式或特色服务项目。

3．网上开店或网络服务

大学生对于互联网非常熟悉，互联网上的创业机会也异常丰富。最普通的网上创业就是开网店，在网上注册账户卖自有产品或代销。网上开店的秘诀在于透彻理解网上购物行为，通过合理规划产品的品类、高水平地展示产品、积极管理客户评价等方面来提高网店的利润。此外，大学生还可以创造出特色的网络服务，以低成本实现客户价值。例如，财客在线就是通过满足年轻人记账的需求，通过会员付费和广告收入来盈利，从而成功的。

4．关于同质商品阶段的小产品的品牌化经营

成熟行业给大学生的创业机会比较少，毕竟行业格局已经形成，只有一些零散的产业才有创业机会，例如那些处于商品化阶段的日常用品或农产品。这些小产品的行业内竞争层次低，同质化的产品如果以相同价格很难做大企业和打造品牌，企业的利润也很微薄。因此，创业者需要转换经营思路，进行品牌化运作，提升产品的档次，甚至加入一些创业元素。例如，可以从日用品或农产品中选择创业项目，将小产品打造成特色品牌。

5．开发具有技术含量的新产品

大学生创业者（尤其是理工科学生）可以开发出新产品，以创新技术作为创业的关键资源，组建公司来生产和销售新产品（或提供技术服务）。新产品的开发单靠某个人是很难成功的，它需要一个团队来协作

笔记区

笔记区

开发，一般以导师为核心的研究团队有可能开发出更高的技术含量的新产品。

创业者如果自身无法开发新产品，可寻找可以合作创业的新产品开发者，这需要创业者与研发人员的能力互补。这种创业可能获得政府相关机构的大力支持，尤其是与政府政策相关的战略性新兴产业和其他重点企业，更是有可能成为政府关注与扶持的典型创业项目。

6. 国外最新成功模式的移植

发达国家的经济与技术走在我国的前面，它们曾经历过的创业机会也很可能在今天的中国出现。这需要用历史的眼光来看待经济和技术的发展，找出不同经济阶段的典型商业形态，从而借鉴发达国家成功把握这些机会的经验。

携程网创始人之一季琦说过："中国式的创新更多是继承式的创新，在借鉴欧美发达国家商业模式的情况下，结合中国具体情况，进行改造式创新和应用。因为人类的物质精神需求和享受，总是从低级到高级，从简单到复杂，欧美的服务业已经领先于我们发展已经经过了客户的需求选择，中国的服务业也大体会遵循他们的发展轨迹，因此，在服务行业，继承欧美的成熟商业模型特别有价值，研究他们成长的轨迹和成败的原因，对于我们这些后来者也非常有益。"

在高科技领域（尤其是互联网），这一滞后发展模式更加明显，美国等先进国家最先开发出新技术和新商业模式，国内创业者迅速跟进，在模仿中进行再创新，目前国内著名的互联网公司大多是从美国借鉴或模仿过来的，例如，当当网是从亚马逊网站得到启发的，腾讯是直接模仿 MSN 发家的，淘宝网则是从 e. Bay 借鉴而来。

项目四　商业模式

全球管理大师德鲁克曾说："当今企业之间的竞争，不是产品之间的竞争，而是商业模式之间的竞争。"可见商业模式对于一个企业的重要性。由于商业模式领先的创新者能够掌握更多资源，如核心技术、资源垄断、产业链掌控力及系统建设等，从而他们能够形成核心竞争力，所以发展速度快、增长潜力巨大，并且产生的利润高、创造的附加值也高，能够持续盈利，却不容易被模仿和超越。

笔记区

实训一　典型商业模式分析

★ 实训目标

1. 了解商业模式的内涵及分类。
2. 学会分析不同商业模式的优缺点。
3. 学会选择适合自身创业项目的商业模式。

★ 实训流程

一、对比分析不同商业模式的特点及优劣势

请根据教材或网络资料，对表 4-1 中所示的典型商业模式的特点及优缺点进行对比分析，并将结果填入表 4-1 中。

表 4-1　典型商业模式的特点及优缺点对比

商业模式	特点	优势	劣势
长尾式商业模式			
多边平台式商业模式			
免费式商业模式			
开放式商业模式			

二、应用商业模式画布评估典型企业的商业模式

在环节一的分析结果基础上，选取一家具有代表性的企业，利用商业画布工具分析这家企业的商业模式，并将结果填入表 4-2 中。

表 4-2 典型企业商业模式分析

项目	分析结果
客户细分	
价值主张	
渠道通路	
顾客关系	
收入来源	
核心资源	
关键业务	
重要合作	
成本构成	

三、思考分析

1. 成功商业模式可以复制吗？

笔记区

笔记区

2. 成功的商业模式具有哪些特征？

3. 如何设计符合企业发展的商业模式？

4. 查找一种商业模式，通过对其成长历程的了解，谈谈你的感想。

◆ 知识拓展

商业模式的特征

商业模式的内容十分广泛。凡是与公司活动有关的内容，几乎都可以纳入商业模式范围，如电子商务模式、鼠标加水泥模式、B2B 模式、B2C 模式、拍卖模式、代理模式、广告收益模式、会员模式、佣金模式和社区模式等。在人们所熟悉的商业世界中，任何一个商业组织，都有其特定的商业活动业务流程，这一业务流程汇集了物流、信息流、资金流等流程，最终以增值的商品或服务传递到客户手中，并产生每个组织赖以生存和发展的收益。概而言之，这一与每个商业组织相联系的业务流程和其核心环节的抽象，就是它的商业模式。一个具有吸引力、成功

的商业模式，通常需要具备某些能够创造价值与竞争优势的特点，而这些特点往往影响着创业公司的成功与否，也正是商业模式评价不可忽略的重要因素。

1. 商业模式的适用性

适用性也可以称之为个性，是商业模式的首要前提。由于公司自身情况千差万别，市场环境变幻莫测，商业模式必须突出一个公司不同于其他公司的独特性。而这种独特性表现在它怎样为自己的公司赢得顾客、吸引投资者和创造利润。严格地说，一个公司的商业模式应当适用于自己的公司，而不可为其他公司原封不动地照搬照抄。所谓商业模式，最终体现的是公司的制度和最终实现方式。在这个意义上说，模式没有好坏之分，只有是否适用的区别。适用的就是好的，适用较长久的就是最好的。

2. 商业模式的有效性

有效性是商业模式的关键要素。在经济全球化、信息化的今天，无论哪个行业或公司，都不可能有一个万能的、单一的、特定的商业模式，用来保证自己在各种条件下均产生优异的财务结果。因此，评价商业模式的好坏，最根本的一条在于它的有效性。可以理解为，有效的商业模式是公司在一定时期、一定条件下，能够选择的为自己带来最佳效益的有效的盈利战略组合。根据埃森哲咨询公司对70家公司的商业模式所做的研究分析，这种盈利战略组合应当具有以下三个共同特点。

第一，独特价值。有时候，这个独特价值可能是新的思想；而更多的时候，它往往是产品和服务独特性的组合。这种组合要么可以向客户提供额外的价值，要么使得客户能用更低的价格获得同样的利益，或者是用同样的价格获得更多的利益。

第二，难以模仿。公司通过确立自己与众不同的商业模式，如对客户的悉心照顾、无与伦比的实力等，来提高行业的进入门槛，从而保证利润来源不受影响。

第三，脚踏实地。脚踏实地就是实事求是，就是把商业模式建立在对客户行为的准确理解和把握上。所以，有效的商业模式是丰富和细致的，并且它的各个部分要互相支持和促进，改变其中任何一个部分，它就会变成另外一种模式。搞得不好，就可能影响它的有效性。

笔记区

笔记区 

3. **商业模式的前瞻性**

前瞻性是商业模式的灵魂所在。商业模式是与公司的经营目的相联系的，一个好的商业模式要和公司长远的经营目标相结合。商业模式实际上就是公司为达到自己的经营目标而选择的运营机制。公司的运营机制反映了公司持续达到其主要目标的最本质的内在联系。公司以盈利为目的，它的运营机制必然要有确保其成功的独特能力和手段——吸引客户、雇员和投资者，在保证盈利的前提下向市场提供产品和服务。但是，仅仅如此是不够的，因为这只是商业模式的“现在时”，而商业模式的灵魂和活力则在于它的“将来时”，即前瞻性。也就是说，公司必须在动态的环境中保持自身商业模式的灵活反应、及时修正、快速进步和快速适应等能力。一句话，就是具有长久的适用性和有效性，以达到持续盈利的目的。

实训二　撰写企业营销策划方案

★ 实训目标

1. 了解 STP 理论的相关内容。
2. 了解企业营销策划方案的内容。
3. 掌握撰写企业营销策划方案的方法。

★ 实训流程

一、拟建具有完整产品体系的创业企业

根据自身的兴趣、专业和实践，模拟建立一个具有完整公司背景和产品体系的创业企业。可参照项目四中实训五拟建的创业企业，确定公司的经营范围、企业组织、业务体系和产品规划。

你拟建的创业企业是什么？请具体描述。

笔记区

二、运用 STP 理论明确创业企业的目标市场及市场定位

（一）确定企业的细分市场

消费市场的细分标准通常概括为地理因素、人口统计因素、心理因素和行为因素四个方面。请根据这四个方面的具体内容，对创业企业的细分市场进行确定和划分，并将划分结果填入表 4-3 中。

表 4-3 创业企业细分市场结构

细分标准	市场结构
地理因素	
人口统计因素	
心理因素	
行为因素	

笔记区

（二）明确企业的目标市场

目标市场的选择和确定基于对于细分市场的评估。在此基础上，选择最具吸引力或最符合企业营销战略目标的细分市场作为目标市场。请根据贝斯特建议的市场细分步骤，评估市场细分方案的有效性，并将结果填入表 4-4 中。

表 4-4　市场细分步骤

步骤	评估结果
基于需要的细分	
细分市场的识别	
细分市场的吸引力	
细分市场的盈利性	
细分市场的定位	
细分市场的“最后考验”	
营销组合战略	

根据上述对细分市场的评估，具体阐述你的创业企业的目标市场选择方案。例如，是覆盖整个市场，还是选择多元细分市场，抑或是专注于单一细分市场。

（三）进行企业的市场定位

市场定位包括产品定位、品牌定位、竞争定位和消费人群定位。请根据这四个方面的具体内容，对创业企业的市场定位展开具体描述，并将结果填入表 4-5 中。

笔记区

表 4-5　企业市场定位

定位项目	项目描述
产品定位	
品牌定位	
竞争定位	
消费人群定位	

三、制订创业企业的营销管理方案

在确定企业的目标市场和市场定位的基础上，制订企业的营销管理计划与方案，包括产品线管理方案、产品定价策略、销售渠道管理计划、产品促销计划与方案，广告、公共关系管理方案等。请根据项目四中实训四的相关实训内容以及对相关资料的查询，模拟制订创业企业的一系列营销管理方案，并将结果填入表 4-6 中。

笔记区

表 4-6　企业营销管理方案

营销管理项目	方案详情
产品线管理	
产品定价策略	
销售渠道管理	
产品促销计划及方案	
广告宣传策略	
公共关系管理	

四、拟定企业的销售队伍管理方案

销售队伍配合企业营销部门制订的营销方案展开具体的销售活动，是企业落实营销方案的重要一环。销售队伍的管理包括制订销售队伍目标、确定销售队伍的规模和成员结构、挑选和培训销售代表、设计销售队伍薪酬机制、评估销售人员工作绩效等。请根据自身创业企业的具体情况，拟定企业销售队伍的管理方案。

拟定的销售队伍管理方案为：________________________________

____

____

笔记区

◆ 知识拓展

某食品企业月饼营销策划方案范本

一、概要

中秋节是中国的一个传统节日，消费者在这期间比较活跃，容易形成消费热点，因此这一时期成为商家争取的大好时机。本策划根据我公司推出的工艺礼品，综合分析消费者市场的各种因素，对本产品的投入市场做出了可行性分析及销售建议。

二、背景市场分析

（一）背景分析.

据中国社会调查所（SSIC）近日公布的对北京等全国近十个城市2000位公众如何过中秋节的问卷调查，有53%的被访者表示会去看望自己的领导或工作上的伙伴。如今的老百姓已经不再满足于全家聚在一起吃顿饭这么简单，中秋节的消费趋向有了一些新变化，有人形象地把这种消费现象称之为“月光经济”。最近更有人提议把中秋节作为法定假日，以便出行购物、走亲访友。虽然这种提议在短期内未必会成为事实，但可以预期，今年中秋将是消费热潮再次兴起的一个节日。

（二）市场分析

随着人们的物质生活水平的提高、国家政策的规定，特别是舆论的引导下，人们已经不仅仅满足于中秋节大吃一顿、送烟送酒这类行为，而是开始追求更加高尚的方式来联络感情，表示欢庆，所以预计今年的中秋节消费者的消费将更趋于多元化。

笔记区

艺术包装月饼作为一种进入普通消费者家庭不久的商品兼具传统内蕴和现代气息，能给人们带来问候的同时，也让人们接受了文化的洗礼。其发展的趋势确实十分诱人，极大的市场空间、丰厚的利润回报、极强的购买力和需求量，使之成为一个经久不衰的朝阳产业。

三、市场营销战略

（一）产品定位

高尚脱俗、美观大方、具有较高的品位和较强的文化气息，适合赠送亲友、自己收藏且价格适中的一种工艺产品。产品将分为高档、中档和低档三种。

（二）目标市场

此次公司推出的这种产品的目标是以大中型企事业单位的集体消费者为主，以及一部分乐于收藏艺术包装月饼、文化素养较高的消费者的综合市场。

（三）销售渠道

1. 针对重点客户，可以派出推销员联络各大中型企业，发布产品信息、介绍产品特点，了解客户需求，并不失时机地促成订货。

2. 以各类商场、工艺品商店为平台，提供相应的广告支持，并给予一定的优惠条件的代销。

（四）营销建议

1. 由于艺术包装月饼不是一种生活必需品，也不是一种理性消费品，所以建议增大销售队伍，扩大产品宣传途径。

2. 争取时间上的优势，先下手为强，力求在中秋节前一个星期基本完成大部分订货。

四、机会与问题分析

（一）机会与优势分析

消费者在中秋节时期的消费已经越来越趋于多元化，并且在中秋节容易形成消费热潮，特别是艺术包装月饼作为一种新型的消费品，更能吸引消费者的眼球，引起购买冲动，从而形成消费热点。

（二）威胁与劣势分析

面对市场上越来越多的艺术包装月饼销售商，我们的竞争也越来越大，形成的市场也越来越大。但我们不可能像一些大型专业厂家一样可

以顺利进入大型商场，甚至于很难拥有自己的专卖店。

（三）问题分析

面对市场上琳琅满目的艺术包装月饼，怎样使我们的产品更能满足消费者的要求？如何克服在中秋市场上，我们的目标客户需求上的信息不对称情况？

五、具体行动方案

（一）前期：___月___日—___月___日，调研阶段。以我们现在掌握的市场情况着手，针对目标市场，特别是重要目标市场进行跟踪调查，及时了解目标市场信息，研究分析目标市场范围内的需求量及目标市场动向。

（二）中期：___月___日—___月___日，分销阶段。派出销售人员，以我们了解到的目标市场信息，对目标客户进行走访，并在预计时间内完成大部分订货任务。

（三）后期：___月___日—___月___日，收尾阶段。通过各种手段，掌握客户的需求情况及意见、建议，争取二次订货，完成销售计划。

六、风险控制

结合问题分析中可能存在的各种风险，以及各阶段调研中出现的各种问题，对计划及时进行修正，使风险尽量降低。

手机企业促销策划方案范本

一、广告目标

五一黄金周对________手机进行促销

二、目标市场

销售促进策略

三、主题

________手机

四、促销设置及安排（现场促销）

（一）促销时间

5 月 1—7 日

（二）促销地点

1. 选择的地点政府相关部门不会干扰；没有机动车进入，不会影响交通不畅。

笔记区

笔记区

2. 地理位置优越。

（三）现场促销布置

1. 街道布置

在步行街每隔 80 米，高 3.5 米的地方悬挂条幅（每个条幅的标语都不相同），一共三个条幅。

2. 舞台布置

1 米高，长为 4.5 米，宽为 2.5 米的台子，用红地毯铺上；

背景长 4.5 米，宽 2 米；

上行写：________手机“五一”真情回报市民；

下行写：大奖等你拿（奖字放大字号，并且用另一种字体）；

舞台左右各放三个音响；

舞台前垒起 2 米高的电视机、电风扇、电饭锅等盒子，并用绳子拉好（以免风大吹倒盒子砸到群众），在盒子上贴上“奖”字；

舞台前再摆个气模。

3. 柜台设置

柜台和舞台距离为 8 米，用 12 个玻璃柜台围成一个正方形；

柜台里放个高 2.5 米木质三脚架，用来贴海报；

真机放在柜台里。

柜台上放模型，模型下放着相应的传单；

柜台的手机应按价格摆放；

每个柜台旁都安装一个太阳伞（防止天气太热晒到机器，并和影响销售员和消费者）；

每个柜台有两位销售员。

（四）人员选择

1. 舞台人员选择

舞台的演出应选择乐队，注目率高，能更好地留住消费者，乐队应尽量“阳光”，能给人一种活力；主持人的装扮和表达能力都进行过审核，要幽默，并且有很强的应对现场的能力；还要配一个电工，防止出现电力方面的问题，好及时修复，也可以帮助搬运奖品。

2. 柜台销售人员选择

笔记区

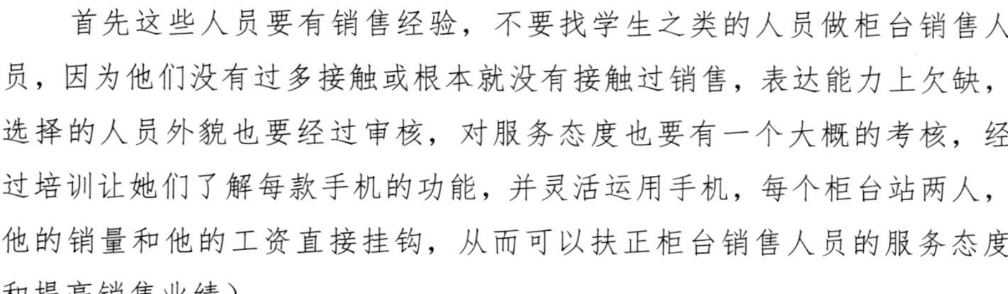

首先这些人员要有销售经验，不要找学生之类的人员做柜台销售人员，因为他们没有过多接触或根本就没有接触过销售，表达能力上欠缺，选择的人员外貌也要经过审核，对服务态度也要有一个大概的考核，经过培训让她们了解每款手机的功能，并灵活运用手机，每个柜台站两人，他的销量和他的工资直接挂钩，从而可以扶正柜台销售人员的服务态度和提高销售业绩）。

（五）服装的选择

1. 舞台人员服装颜色的选择要尽量鲜艳，尽量有风格但还不令人反感。

2. 柜台人员的服装应统一，尽量为黑色或蓝黑色，里面穿浅颜色的衣服，并佩戴柜台销售人员的标志。

（六）舞台表演

1. 首先进行歌曲选择，选择的歌曲要动感十足，有强劲的节拍性，并且也是大众熟知的歌曲。

2. 游戏可选择孩子参与（孩子富有一定的吸引力，能吸引消费者的注意），可根据舞台的大小选择参与者，例如：左手摸着右膝盖，右手摸着左耳垂，随着主持人说几就转几圈，看谁先倒，倒了就先站到一边，最后剩一个孩子时停止，把几个孩子都请到台前，然后根据观众投票评价第一、第二等（这样可以让观众参与，可以调动观众的热情）。

3. 主持人对最新研制的手机进行介绍，大多介绍的手机应是价格高的手机，介绍时间不要太长，介绍时要看人数的多少来进行介绍，介绍时要幽默，能使消费者听进去，在消费者购买时能起到一定的增加销量的效果。

4. 买手机有赠品的同时还可以抽奖一次，主持人应围绕抽到的奖项奖进行发挥，刺激消费者购买。

（七）奖品

1. 消费者感兴趣的赠品，例如手机链等。

2. 奖品应是消费者在实际生活中能使用的，而且要有一定的档次，例如手表、茶具、手机的耳机、彩电等。

五、促销评估

此次促销是刺激消费者的认知，以品牌认知为目标的表现策略，提

笔记区

高认知度，强化记忆度，达到最基本的认知和知晓的目的；运用乐队引起消费者的注意，通过介绍手机、做游戏、无偿领奖等的方式引发消费者的兴趣，增强消费者的记忆；良好的服务态度，以及广告宣传，可以积极消费者的态度。

项目五　整合创业资源

创业资源是所有对创业企业和项目具有支持作用的各种要素的总和。资源从存在形态来看，可以分为有形资源和无形资源。创业资源的关键不在于拥有，而在于通过各种方式获取、利用、整合以及开发这些资源为创业者所用。创业资源的获取可以有多种途径，有形资源和无形资源应采取不同方式开发。各种不同资源需要有效整合才能发挥最大效用，创业者整合资源的能力比实际拥有资源更重要。

笔记区

实训一　创业资源知识竞答

★ 实训目标

1. 了解创业资源的内涵与种类。
2. 区分创业资源与一般商业资源。
3. 拓展创业资源知识。

★ 实训流程

一、组成知识分享小组

针对创业资源内容模块，将班级同学分组，组成知识分享小组，并为每个小组起一个组名，在表 5-1 中登记小组信息。

表 5-1　成员登记

序号	组名	组员
1		
2		
3		
4		
5		

二、资料收集

请各组成员阅读教材或网上搜索，寻找与创业资源有关的资料，将收集到的关键资料的概要记录下来。

三、归纳整理

进一步整理资料，将部分资料进行分类，归纳为以下内容要点：

1. 创业资源的内涵是什么？

2. 创业资源的种类有哪些？

3. 创业资源与般商业资源的区别是什么？

4. 各种资源在创业中的具体作用分别是什么？

5. 影响创业资源获取的因素是什么？

笔记区

笔记区

6. 列举创业资源的其他知识。

四、阅读知识竞答规则，并准备题目

知识竞答规则准备如下：

第一轮竞答：教师准备关于创业资源的各种题型，统一竞答；

第二轮竞答：由各组分别出 3 道题，提问其他组；

选出两名不参与竞答的成员，负责比赛过程和结果记录。其中，每组每抢答对一题加十分，抢答答错不加分，最后所在组的分数最高为竞赛第一名。

各小组出题：

1.

2.

3.

五、开展知识竞答

按以上规则开展竞答，记录竞答过程，将各个小组组员回答题目数量进行计算，并在表 5-2 中统计对应得分情况。

笔记区

表 5-2　得分情况登记

队名	各组员回答题数统计	得分情况	总分
	组员 1： 组员 2： 组员 3：	组员 1： 组员 2： 组员 3：	
	组员 1： 组员 2： 组员 3：	组员 1： 组员 2： 组员 3：	
	组员 1： 组员 2： 组员 3：	组员 1： 组员 2： 组员 3：	
	组员 1： 组员 2： 组员 3：	组员 1： 组员 2： 组员 3：	
	组员 1： 组员 2： 组员 3：	组员 1： 组员 2： 组员 3：	

六、竞答总结

每个人针对创业资源的知识竞答做一份总结报告，分析自己在竞答时的表现，如自己的收获与不足等。

我的总结报告

笔记区

◆ 知识拓展

创业资源的识别

创业资源对创业者的创业行为有重要影响。为实现创业目标，创业者需要识别其所需的创业资源。创业资源识别指创业者对初始资源和关键资源进行识别，根据创业目标确定创业行为的资源需求。确定所需资源不仅要评估资源的类型，还要确定资源使用的数量、质量、时间和次序。一般来说，有两种基本的方法来识别创业资源。

1. **决策驱动型资源识别**

决策驱动型资源识别意味着创业者决定创业并存储自己的资源，结合创业机会对这些资源进行深入分析，然后以明确的方式获取资源。在这种资源识别方式中，创业者首先需要形成创业决策，进一步明确创业资源的来源及获取的途径。由于创业者产生了投身创业活动的迫切意向或创业理想，故创业者将在一开始努力挖掘现有资源，从现有资源中发掘实现创业理想的机会。其次，创业者对自身所拥有的资源与理想中的创业机会进行匹配分析，不仅对自身所拥有的资源进行反复分析，而且对与之相匹配的创业机会也进行深入思考、分析和不断论证。最后，创

业者进一步确定符合创业需求的自身资源，以及对其他外部资源的具体需求和获取途径。

2. 机会驱动型资源识别

机会驱动型资源识别是指创业者通过对当前创业机会的判断，进而明确如何获得与创业机会相匹配的资源的能力。这种识别资源的方式是基于创业者确定了创业机会的方式而形成。首先，创业者发现了可行的创业机会，并从需求角度来发掘可以把握其创业机会的创业资源。其次，创业者对创业机会与自身所拥有的资源进行匹配分析，不仅对创业机会进行反复分析，也对与之相匹配的创业资源也进行深入分析，从而找到更理想的创业机会及与之相匹配的创业资源。最后，创业者进一步明确符合创业需求的自身资源，以及对其他外部资源的具体需求和获取途径。

虽然从结果来看，决策驱动型资源识别与机会驱动型资源识别都能达到相同的效果，但是两种资源识别方式的基础是不同的。决策驱动型资源识别以创业初始资源匹配创业机会为基础；机会驱动型资源识别以创业机会匹配初始创业资源为基础。创业者可以从不同的驱动因素出发，对创业资源进行识别，最终目的都是确定创业资源的获取途径，为创业者有效获取创业资源奠定坚实的基础。

笔记区

实训二　调研创业资源获取途径

★ 实训目标

1. 了解获取创业资源的重要性。
2. 认识创业资源的获取途径。
3. 掌操创业资源获取的技能。

★ 实训流程

一、选择调研对象

通过老师或上网查询，了解当地有哪些大学毕业生创业成立公司，在

笔记区

这些公司中，选出一家经营良好的公司作为调研对象，记录以下信息：

1. 当地大学生创业成立的公司概况。

2. 选择的调研对象。

3. 该公司发展历史概况。

二、调查该公司核心创业资源种类

请与该公司的管理层说明你的目的，与其交流后，了解目前公司在创业过程中需要的核心创业资源是什么，并将其记录在下来。

核心创业资源：

笔记区

三、了解创业资源获取过程

请进一步访问公司管理层相关人员，了解获取这些核心创业资源的过程，咨询获取创业资源时应考虑的因素以及具体是如何获取的，并将主要观点记录下来。

1. 该公司获取创业资源时的考虑因素

（1）内部因素

（2）外部因素

2. 该公司获取创业资源的具体过程

笔记区

四、总结获取创业资源的途径

请根据以上记录，分析总结该公司获取创业资源的途径。

1. 资源获取来源

2. 资源获取方式

3. 资源获取技能

◆ 知识拓展

创业资源的获取途径

1. 获取技术资源的途径

获取起步项目所依赖技术的途径方式有：吸引技术持有者加入创业团队；购买他人的成熟技术，并进行技术市场寿命分析等；购买他人的前景型技术，再通过后续的完善开发，使之达到商业化要求；同时购买技术和引进技术持有者；自己研发，但这种方式需要时间长，耗资大。

创业者应该随时关注各高校实验室、老师或者学生的研发成果，定期去国家专利局去查阅各种申请专利，养成及时关注科技信息、浏览各种科技报道、留意科技成果，从中发现具有巨大商机的技术的习惯。政府机构、同行创业者或同行企业、专业信息机构、图书馆、大学研究机构、新闻媒体、会议及互联网等，都是同学们获取这些信息的渠道。同学们可以根据自己的实际情况与各种方式的特点，选择一种或多种方式，尽可能获取有效的、需要的信息。

2. 获取人力资源的途径

这里的人力资源不是指创业企业成立以后需要招募的员工，而是指创业者及其团队拥有的知识、技能、经验、人际关系、商务网络等。创业前，如果有可能，同学们可以在读书期间做一些产品的校园或者地区代理，不管是热水袋、拖鞋、牛奶、化妆品还是手机卡、数码产品、婚纱店、美容店、家教中心等，都可以去尝试。这个过程中，同学们既能赚钱，增长关于市场的知识，还可以锻炼组织能力。

还可以考虑进入一个企业为别人工作，通过打工学习行业知识、建立客户资源渠道，了解企业运作的经验，学习开拓市场的方法，认识盈利模式。你为了创业到一个公司工作，在公司规模的选择上，同学们可以参考迪士尼公司总裁加里·威尔逊·沃特的观点：“在一个小公司的资深层任职，能够拥有一种广阔的视野并向获得更具创意的机会。小公司承受不了机构臃肿的压力，同学们在小公司可以了解发薪水时没有足够的现金情况如何，了解贷款付息20%时的情况如何。小公司涉猎范围的广泛，能够为同学们在大公司发展经营战略打下良好的基础。”

3. 获取外部资金资源的途径

对于外部资金资源的获取，一般可通过以下五种途径获得：依靠亲朋好友筹集资金，双方形成债权债务关系；抵押、银行贷款或企业贷款；争取政府某个计划的资金支持；所有权融资，包括吸引新的拥有资金的创业同盟者加入创业团队，吸引现有企业以股东身份向新企业投资、参与创业活动，以及吸引企业孵化器或创业投资者的股权资金投入等。一个详尽可行的创业计划，可能会吸引一些大学生创业基金甚至风险投资基金的目光。

笔记区

笔记区

在获取外部资源之前，要谨记一个企业家曾经说过的一段话："创业首先要用自己的钱干起来，你自己的钱不先投进去，凭什么让别人为你投钱？"

4. 获取市场与政策信息资源的途径

一般而言，获取市场及政策信息的途径主要有：政府机构、同行创业者或同行企业、专业信息机构、图书馆、大学研究机构、新闻媒体、会议及互联网等。对于这些信息的获得，创业者可以根据自己的实际情况与各种方式的特点，选择一种或多种方式，尽可能获取有效的、需要的信息。

实训三　拟定融资计划

★ 实训目标

1. 学会制定创业资金需求。
2. 掌握创业融资预算能力。
3. 掌握对融资基础知识的认识。

★ 实训流程

一、分组讨论

以小组为单位，结合各小组的创业项目和创业计划书，各小组讨论创业需要用多少资金，可通过哪些渠道获得这些资金，初创企业需要哪些确资方案，融资前还应该做好哪些准备。请各小组成员将主要观点记录下来。

笔记区

二、拟定融资计划

请各小组拟定融资计划，融资计划中的财务预测、资本结构、投资者退出方式、风险分析等内容可参考以下模板。

1. 财务预测

该部分主要包括的内容如下：

（1）今后三年公司的发展预测；

（2）投资计划。其主要包括预计的投资数额，公司未来的筹资资本结构，获取投资的抵押、担保条件，投资收益及再投资的安排，投资者投资后双方股权的比例安排，投资者介入公司经营管理的程度；

（3）融资需求。其主要包括创业所需要的资金额、团队出资情况、资金需求计划、为大学生创新创业实训实现公司发展计划所需要的资金额、资金需求的时间、资金用途（列表说明）等；

（4）雕资方案。其包括公司所希望的投资者及其所占股份的说明，资金其他来源（如银行贷款等）。

2. 融本结构

该部分主要包括的内容如下：

（1）目前有多少资金投入本公司；

（2）目前公司打算筹集多少资金；

（3）如果筹资成功，公司可以持续运营多长时间；

（4）以后的融资计划筹集多少资金；

（5）公司可以向投资者提供的权益有哪些。如，股权、普通债权等；

（6）公司现在的资本结构表；

（7）本期筹资成功后的资本结构表，如表 5-3 所示；

笔记区

表 5-3　资本结构表

投资者	投入的资金数量	股权的比例情况

（8）说明公司希望找怎样的投资者，对投资者的要求是什么。如，投资者对资金、管理的支持程度，对行业的了解程度等。

3. 投资者退出方式

该部分主要包括的内容如下：

（1）利润分红：应向投资者说明股权利润分红计划；

（2）股权转让：应向投资者说明股权转让计划；

（3）股权回购：应向投资者说明股权回购计划。

4. 风险分析

要详细说明创业项目实施过程中可能遇到的风险，如，技术风险、市场风险、管理风险、财务风险及其他风险，并且应提出有效防范风险的手段。

三、教师点评

各小组将拟定的融资计划向教师进行展示，教师一一点评，小组成员进行总结。

教师评语：________________________________

小组总结：

笔记区

◆ 知识拓展

创业融资的注意事项

对于新创企业来说．缺乏启动资金是创业者面临的一大难题。对于成功的创业者来说，一个重要的原因就是他懂得如何通过正确的渠道找寻到合适的投资人，从而获得资金上的支持。在融资过程中，有以下几个方面需要我们注意。

1. 创业融资计划书

在创业融资的过程中，一份详细、完善的融资计划书有助于我们取得最佳的融资效果。创业者应该精心设计和策划企业的融资方案。一份完整的融资计划书大致包含企业的商业模式、产品和服务、市场分析、融资需求、运作计划、竞争分析、财务分析和风险分析等方面，实际上就是一份说服投资者投资的证明书。创业者在制订融资方案之前，要对自己的有形和无形资产的价值做一个准确的评估，同时为了有效地降低企业融资成本、提高企业融资效益，创业者要加强对创业融资信息的收集与整理，在充分掌握信息的前提下，做出最优的选择。在这要提醒大家，创业融资计划书的内容是不需要写进商业计划书的。

2. 融资知识

首先，应充分了解各类融资渠道的适用情况、优缺点，以便在需要的时候选择恰当的融资方式。其次，融资经验要比较丰富，要充分认识和了解投资者和资本市场，要有很强的专业策划能力以及解决企业融资过程中遇到的各种现实问题的应变能力。因此，创业者必须加强对融资知识的学习和掌握，如果企业有能力聘请融资顾问时，还可以获得他们从培育和铸造企业资金链的高度，帮助企业打造维持企业发展所需的资金支撑。

笔记区

3. 适度包装

这里要强调的是，在融资过程中，不要为了争取融资而过度包装自己，把计划书写得天花乱坠、夸大其词，这在投资人面前只能是适得其反；同时，也不要不愿花时间和精力在对企业融资计划书的包装上，建议创业者认真用心编写计划书，让投资者看到产品美好的细节和团队的创造力。因此，创业者一定要有一个清醒的、理性的认识和思考，在理性思路的前提下进行适度包装。

4. 企业信誉

无论是融资过程还是其他经营活动，企业信誉都是一个重要标志。银行、风投公司、天使资金等，都是极其看重企业或创业者个人信誉的，“有借有还，再借不难”，企业的信誉良好才能换来更多的融资机会。另外，创业者不宜拿着投资者的钱大肆挥霍，而是要为投资者创造出更多的价值，这样才能继续得到更多、更好的融资机会和成长机会。因此，创业者不仅要加强自身的技术能力，还需要具备企业家的道德风范。

项目六　创 业 风 险

创业是一个非常复杂的过程，涉及的环节和因素众多，所以创业的过程中，遇到风险是不可避免的。创业就是一种风险承担，任何创业行为都是风险和机会并存的。创业者必须正确认识风险、识别风险，最终应对风险，才能在商场中闯出属于自己的一片天地。

笔记区

实训一　用 SWOT 法分析创业风险

★ 实训目标

1. 掌握 SWOT 法，分析创业风险的利弊因素。
2. 对创业风险有一定的了解，并学会如何去规避这些风险。

★ 实训流程

一、了解 SWOT 法

SWOT 法又称为态势分析法，是由美国旧金山大学的管理学教授在 20 世纪 80 年代初提出来的，常用来做企业内部分析方法，即根据企业自身的既定内在条件进行分析，找出企业的优势、劣势及核心竞争力之所在。其中，S 代表 strength（优势），W 代表 weakness（弱势），O 代表 Opportunity（机会），T 代表 threat（威胁），其中 S 和 W 是内部因素，O 和 T 是外部因素。按照企业竞争战略的完整概念，战略应是一个企业“能够做的”（即组织的强项和弱项）和“可能做的”（即环境的机会和威胁）之间的有机组合，见表 6-1。

表 6-1　SWOT 法矩阵

	优势（S）	劣势（W）
机会（O）	SO 战略（增长型战略）	WO 战略（扭转型战略）
威胁（T）	ST 战略（多种经营战略）	WT 战略（防御性战略）

SWOT 法运用系统的思想将一些看似独立的因素相互匹配并加以综合分析，有利于人们对个人或组织所处情景进行全面、系统、准确的研究，有助于人们制订发展战略和计划，以及与之相对应的对策。

二、用 SWOT 法分析创业风险

通过利用 SWOT 法对创业风险进行分析，把分析内容填入表 6-2，使大学生能够真正认识到创业威胁和机会，能够从本质上去对待创业风险。

表 6-2　用 SWOT 法分析创业风险

	创业风险
具有的优势 S	
缺陷 W	
所暗示的机会 O	
潜在的威胁 T	

笔记区

三、制定防范措施

以小组为单位进行讨论，通过对创业风险进行分析，来制定相应的防范措施。

1. 行业环境角度。

2. 市场发展走向角度。

笔记区

3. 影响因素角度。

4. 竞争指数角度。

四、总结并汇报

通过对创业风险进行的分析，小组同学之间进行讨论，并撰写一篇不少于400字的有关创业风险报告，选出一名代表，进行汇报。

笔记区

◆ 知识拓展

船联网北斗智能过闸示范应用案例

1. 基本情况

为适应自治区内河航运船闸联合调度工作的新要求，运用现代信息技术，建设网络化、可视化、智能化的“数字西江”系统，建立西江流域船闸统一高效的船闸运营管理机制，利用互联网+船闸的思维，整合海事局、港航局、水利厅等相关资源，提高船闸运营管理效率，降低船闸运营成本，减少船舶在西江流域航行时间，降低船舶运营成本，进一步提升通航效率、水资源综合利用水平及综合服务能力。西江集团经过多年的探索，不断创新发展，已经建成基于北斗导航的智能过闸管理系统，并统一部署应用于西江集团下辖船闸，实现了西江集团船闸管理的流程标准化、全程可视化、过闸智能化，极大地提高了过闸服务水平。

在西江集团目前已建设的西江船闸报闸系统、船舶北斗导航系统、一卡通/西江支付系统、西江APP和水运物流网的基础上，基于西江船闸报闸系统进行功能升级，实现与船舶北斗导航系统、船闸监控、西江E支付、水运物流网、短信等集团内部系统和海事、港航、气象、水利等外部系统实现部分数据交换共享。并部署应用于接入西江流域船闸联合调度的船闸，基于北斗技术的智能过闸，船舶通过安装北斗智能终端，结合“西江通”手机APP，实现船舶过闸“不停船报到、不上岸缴费”这一目标，大大提高了船舶过闸效率和船闸管理水平，是西江集团“船闸立品”的标志性品牌之一。船公司通过北斗监控平台对船舶进行航行监控及调度管理，大大减轻了船员劳动强度、降低物流成本。目前已应用于长洲、桂平、贵港、邕宁、老口、鱼梁、那吉、西津、红花、金鸡、

笔记区 

桥巩、大藤峡船闸、12个梯级、16座船闸。

2. **主要技术及创新点**

研发高精度北斗终端，提高定位的精确度和可靠性，以差分卫星定位技术、无线数据传输系统等结合，为船舶提供实时、动态的精确定位和测距。实现船舶信息、航道信息、航信信息、环境信息等信息的采集并传递给管理系统。

在大数据中心服务平台的支撑下，系统运用北斗技术、自动识别技术、通信技术、信息技术、动态感知技术等技术的集成应用，将多传感器集成与终端设备感知融合，深度分析感知对象变化的影响因素，挖掘感知对象的时空变化规律，建立最优布设方案；改善传感器性能，同时提升外场信息传输服务的稳定性与空间位置服务的可靠性；有效提升在航船舶对通航环境的感知能力，改善航道服务，实现多方式不停船收费。

3. **推广应用和社会经济效益情况**

北斗智能过闸技术的大规模应用，实现了社会效益和经济效益双丰收。

船闸方面，基于北斗导航的船闸联合调度系统，船闸工作人员线上操作，远程调度船舶、运行船闸，大幅提高船闸的管理效率、工作效率，降低人工成本。

自治区政府方面，联合调度系统改变了西江流域各船闸长期以来形成的孤立管理、数据孤岛局面，实现梯级船闸集中控制，极大推进了船闸统一报到、统一调度、统一信息发布、统一运营管理的政策目标实现。

船主方面，改变原有放艇靠岸、人工窗口办理的传统模式，采用北斗定位感应报到，手机线上缴纳过闸费，可以避免人员下船危险，降低往返办理成本；减少船舶等待时间，提高物流运输效率，降低油耗成本。统计数据表明，经过桂平、长洲两级船闸的船舶，使用北斗智能报闸方式可平均节省1小时过闸时间。

以1800吨级船舶往返贵港及东莞为例，应用北斗智能过闸，往返一次可节省报到时间110分钟，节省油费约370元，一年可节省油费约1.1万元。

实训二 学会规避创业陷阱

笔记区

★ 实训目标

1. 学会识别创业陷阱。
2. 掌握规避创业陷阱的方法。

★ 实训流程

一、阅读下列材料，回答问题

大学生创新创业的陷阱

不知何时大学生创业潮在校园内掀起，开网店、研发手机客户端……各类创新创业项目在学校内层出不穷，真是应了“大众创业、万众创新”的号召。让人不禁想问，大学生创业成功率高吗？如何才能避免陷阱获得成功呢？知名大学生创业导师、大学生贷款专家、名校贷CEO曾庆辉在接受记者采访时表示，大学生创业最主要的是缺乏资金与经验，资金可以通过大学生网络贷款平台得到解决，经验就需要创业者对大学生言传身教。

从目前现实情况来看，大学生创业项目失败率较高，非但面临着资金短缺、经验缺乏、人际网络局限、创业能力弱等障碍，且因涉世不深，还对市场规则和商业法律认识不足，对创业中可能遭遇的合同诈骗、供应商跑路等情况，加上制度保障缺失，相关监管滞后，造成大学生的权益保障难，稍有不慎，便有“满盘皆输”的危险。因此，很多创业的大学生尚未体味到创业的甜蜜，便尝到了失败的滋味，打击了整个大学生群体创业的积极性和主动性。

以最简单的大学生创业贷款为例，众所周知，创业启动资金是创业初期最困难的一个环节。随着大学生网络贷款平台的兴起，针对大学生创业提供的低息贷款已经能够解决这一难题。但是问题也随之而来。曾庆辉说：“由于行业竞争激烈，出现了百舸争流的行业混战局面，部分不良平台打着低息的口号向大学生群体放高利贷的消息屡屡见报，如何选择优质靠谱的平台对于大学生来说十分重要。”

曾庆辉多次进入校园向同学们分享创业经历，将申请创业贷款的技巧与

笔记区

同学们交流，下面为有贷款需求的创业大学生提供四点建议，仅供参考：

（1）利率要低，大学生没有收入来源。在创业初期一定要控制融资成本，在衡量自己资金需求，还款能力等因素之后，选择尽量低息的贷款更为有利，目前市面上利率 0.99% 到 1.5% 不等，名校贷提供的就是 0.99% 半公益性质贷款。

（2）额度要高，大学生创业需要一定的资金，否则将无以为继，还没有坚持到盈利，项目就将支持不下去，实在可惜。名校贷提供最高可达 50000 元的低息贷款，能够充分满足创客们的需求。

（3）还款灵活，大学生没有固定的收入来源，通过兼职、实习、家庭支持、创业盈利进行还款，大学生要对未来有所规划，对资金有一定的支配规划，既不增加自己压力又能按时还款。

（4）选择综合实力雄厚的大平台，或许有的平台能够提供 5 万、10 万、15 万的额度，有的平台降低 0.1%、0.2% 的利率，但实际上对于大学生而言，要看重的还包括大学生贷款平台的实力，成立年数越长、母公司背景越强的公司将更加正规，也能更好地保障大学生的权益。

综上所述，相信大学生能够选出适合自己、综合实力强的靠谱平台，能够为自己创业的第一桶金打下基础。“大学生贷款是第一步，接着还有团队建立、项目运营等诸多状况。一定要做好长期作战的吃苦准备才有可能获得成功。”曾庆辉说。

1. 通过阅读以上材料，你有何感想？

2. 如果创业，你是否会选择大学生创业贷款？

笔记区

二、阅读以下案例，回答问题

融资诈骗

小李投资10万元开了一家小企业，如今的资产已增至50多万元。企业发展势头相当不错，但苦于资金有限，故想通过融资扩大业务。他先后找过十几家风险投资公司和投资中介公司，都没有结果。就在小李快失去信心之时，终于遇见一家表示有兴趣的投资公司。这家公司自称是大型国有企业下属的风险投资公司，有项目专员、助理、副总、总监，像模像样，对小李的项目询问得很详细，评价也很好，投资部总监还表示“先做朋友、再做项目”。当时，小李非常感动，因此投资公司提出要考察项目的真实性，并且按惯例由项目方先预付考察费时，他毫无防备之心。钱寄出去之后不久，小李发现那家投资公司的电话、投资总监的手机号码全都变成了空号。

很多创业者认为，融资就是别人给钱，不会遇到骗子，因此就有了麻痹思想。其实，诈骗者远比人们想象的高明，他们利用创业者“等米下锅”，又急于求成的心态，先是夸口公司规模、专业程度以取得创业者的信任，然后对融资项目大加赞赏，让创业者觉得遇上了“贵人”，最后借考察项目名义骗取考察费、公关费等，收费后就销声匿迹。因此，对创业者来说。除了要对投资公司的背景进行全面调查，还需要保持警惕的心态，特别是对各种付款要求，多问几个为什么，必要时可用法律合同来保障自己的利益。

1. 小李创业遇到了什么问题？

笔记区

2. 大学生创业应该如何规避创业陷阱？

◆ 知识拓展

创业陷阱

如何选择一个挣钱的项目，是创业者提出的首要问题。创业者擦亮眼睛才能顺利挖得人生“第一桶金”！据不完全统计，大学生创业成功率只有2%～3%，而创业企业的失败率高达70%以上。在创业领域中，百元创业、0折供货、300%的利润空间、坐在家里年赚百万……这类噱头屡见不鲜，需谨防创业陷阱。

1. 技术不成熟的项目无保障

典型项目：药品种植、纳米隐形笔、音乐哨、文化月饼

打着高科技的幌子，卖着白菜式的商品，正是目前无技术含量的创业项目的写照。其目的主要是骗取设备费、技术培训费、资料费等。例如，有人宣称，冬虫夏草的种植，无论土质，南北适宜，人人可做。据悉，冬虫夏草种植技术还不成熟，目前成功的仅北虫草（一种类似冬虫夏草的东西）一种，别说大面积推广了。而类似于纳米隐形笔、音乐哨和文化月饼这一类产品，都是采用最原始的工艺，却被镀上了科技的外衣。

2. 投资太小的项目是骗局

典型项目：珠绣回收、散件组装七彩笔组装、电子产品联营加工

此类代加工项目其目的是骗取加盟费、材料费、押金等，一旦你上门交送产品，项目方将以产品不合格等理由为借口，进行拒收或者处以高额罚款。电子笔组装被广告炒得火热，免费提供散件，包运费，一支加工费1.5元。有知情人士透露：当你找上门，项目方会向你要高额的加盟费或保证金，其实这些散件和运费都包含在里面了，项目方赚的就

是加盟费。据了解，这种笔市场价每支仅 0.8 元。

3. 高额回报的项目不可信

典型项目：彩色冰激凌、烤鱿鱼、葡萄酒

据中国连锁经营协会权威统计，目前“草根”投资者主要关注的领域中，毛利润率最高的也不过 50% ～ 60%，净利润率在 15% 左右已经属于高利行业了。专家指出，项目方宣称的利润是一个毛利润，如若将经营期间其他产生的费用扣除，项目方宣称的利润至少还要减去 60% ～ 70%。项目方给出的标价是市场中高级品牌产品的价格，而投资者受实力、渠道等因素局限，加之项目方提供的项目品质也不高，根本无法卖到这个价位。即使是被权威媒体报道过的“暴利”项目，比如红酒，也名不副实。而彩色冰激凌、烤鱿鱼一类则会在短期内被新来者替换，300% 的利润都是项目方夸大的。

笔记区

项目七　组建与管理创业团队

创业团队是由技能互补的创业者组成的群体，是在一个共同认同的、能使彼此担负责任的程序规范下，为达到高品质的创业结果而努力的群体。大学生创业团队应该具有较强的资源整合能力，能通过团队成员之间的技能互补来提高驾驭环境不确定性的能力，从而降低新创公司经营风险，增加创业成功的概率。当创业者决定创业，并选定了创业项目后，最重要的任务就是组建创业团队。

笔记区

实训一　模拟组建创业团队

★ 实训目标

1. 了解什么是创业团队。
2. 掌握组建创业团队的步骤。

★ 实训流程

一、填写团队成员信息表

分为小组，模拟组建创业团队，在表 7-1 中记录下对应信息。

表 7-1　团队成员信息

职务	姓名	联系方式	QQ
首席执行官			
营销总监			
财务总监			
采购总监			
信息总监			

二、细化岗位职责

小组成员通过查阅资料且互相讨论，分析每个岗位的具体职责，填入表 7-2 中。

表 7-2　每个岗位的具体职责

	岗位职责
首席执行官	（1） （2） （3） （4） （5） （6） （7）

（续表）

	岗位职责
营销总监	（1） （2） （3） （4） （5） （6） （7）
财务总监	（1） （2） （3） （4） （5） （6） （7）
采购总监	（1） （2） （3） （4） （5） （6） （7）
信息总监	（1） （2） （3） （4） （5） （6） （7）

注：组建创业团队时，一般是每组 5～8 人，根据人数的不同，也可以增加以下角色：

（1）首席执行官助理：帮助执行官处理各种琐事及客户沟通工作；

（2）财务助理：协助财务总监做好财务工作；

笔记区

笔记区

（3）商业信息员：负责调查其他企业的广告投放、企业战略、生产能力以及盈利情况等信息，为本企业决策提供有力支持。

三、团队氛围营造

确定了团队的主要成员后，成员之间能否建立融洽的关系，也影响到企业的发展与成长，那么可以参考表 7-3“六顶思考帽子”方法，避免群体思考陷入混乱，并确保从一开始就使误解最小化。

表 7-3　“六顶思考帽子”方法

帽子颜色	用于	范例
白色（事实）	中性信息	民以食为天
红色（情感与感觉）	包括预感和直觉	我感到很生气，因为我们失去了很多客户
黑色（否定）	评估思想或情形的不利之处	这个建议不会起任何作用
黄色（肯定）	评估思想或情形的有利之处	这是个好主意
绿色（创造力）	产生思想	你可以尝试换个角度
蓝色（控制）	如管弦乐队中的指挥一样（控制帽子的使用）	现在我们需要戴上黄色帽子思考

在使用这一方法的时候，应该允许每个人每次集中思考问题的一个方面，同时也应让团队中的每个人能够在思考中转变角色。通过阅读“六顶思考帽子”方法，以小组为单位，思考当团队成员之间发生一些矛盾或是冲突时，你作为团队的领导者应该如何去做呢？

四、分析总结

1. 通过上述步骤，你认为在组建创业团队时，应考虑到哪些因素？

2. 你认为组建创业团队，最重要的一点是什么？为什么？

3. 假设你作为创业者，该如何利用自身有效地资源去组建创业团队呢？

笔记区

◆ 知识拓展

创业团队的类型和特点

一般说来，创业团队大体上可以分为三种：星状创业团队、网状创业团队、虚拟星状创业团队。

1. 星状创业团队

一般在星状创业团队中有一个主导人充当领军。这种团队在形成之前，主导人已有创业的想法，然后根据自己的设想进行创业团队的组建。

笔记区

因此，在团队形成之前，主导人已经就团队组成进行过仔细思考，根据自己的想法选择合伙人，这些合伙人也许是主导人以前熟悉的人，也有可能是不熟悉的人，其他的团队成员在企业中更多时候是支持者。

这种类型的创业团队具有四个特点：组织结构严密，向心力强，主导人在组织中的行为对其他个体影响较大；决策程序相对简单，组织效率较高；容易形成权力过分集中的局面，从而使决策失误的风险加大；当主导人和其他团队成员发生冲突时，因为主导人的特殊权威，其他团队成员往往处于被动地位，在冲突较严重时，一般会选择离开团队，对团队产生较大影响。

这种类型的团队很多，比如，太阳微系统公司创业初期就是由维诺德·科尔斯勒确立了多用途开放工作站的概念，接着他找了乔和本其托斯民两位软件和硬件方面的专家，和一位具有实际制造经验和人际技巧的麦克尼里，组成了创业团队。

2．网状创业团队

网状创业团队的成员一般在创业之前都有密切的关系，比如是同学、亲友、同事、朋友等。一般是在交往过程中，共同认可某一创业想法，并就创业达成共识，开始共同创业。在创业团队组成时，没有明确的核心人物，大家根据各自的特点进行自发的组织角色定位。因此，在企业初创时期，各成员基本上扮演伙伴角色。

这种创业团队具有四个特点：团队没有明显的核心，整体结构较为松散；组织决策时，一般采取集体决策的方式，通过大量的沟通和讨论达成一致意见，效率相对较低；由于团队成员在团队中的地位相似，容易形成多头领导的局面；当团队成员之间发生冲突时，一般采取平等协商、积极解决的态度消除冲突。团队成员不会轻易离开，但是一旦团队成员间的冲突升级，某些团队成员撤出团队，就容易导致整个团队涣散。

这种类型的创业团队也有很多。比如微软的比尔·盖茨和童年玩伴保罗·艾伦，惠普公司的戴维，帕卡德和他在斯坦福大学的同学比尔·休利特等。

3．虚拟星状创业团队

这种创业团队是从网状创业团队演化过来的，基本上是前两种的中间形态。在团队中，有一个核心成员，但是该核心成员是团队成员协商

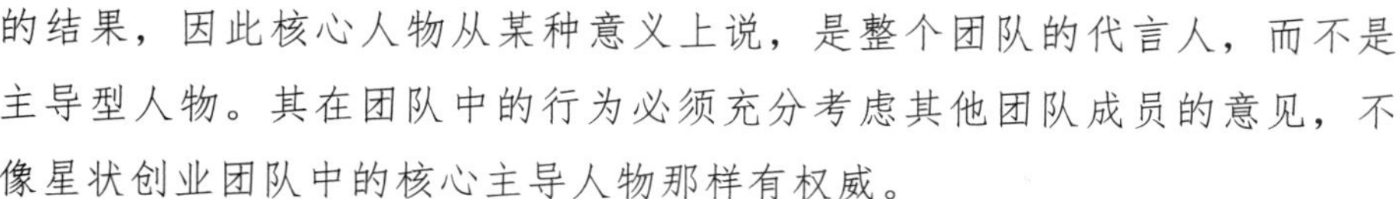

的结果，因此核心人物从某种意义上说，是整个团队的代言人，而不是主导型人物。其在团队中的行为必须充分考虑其他团队成员的意见，不像星状创业团队中的核心主导人物那样有权威。

这种类型的创业团队具有三个特点：核心成员地位的确立是团队成员协商的结果，因此，该核心成员具有一定的威信，能够作为团队领导；团队的领导是在创业过程中形成的，既不像星状创业团队那么集权，又不像网状创业团队那么分散；核心人物的行为必须充分考虑其他团队成员的意见，不像星状创业团队中的核心主导人物那样有权威。

实训二　创业团队冲突管理

★　实训目标

1. 了解团队冲突的相关内容。
2. 掌握解决团队冲突的方法和技巧。
3. 掌握创业资源获取的技能。

★　实训流程

一、了解团队冲突内容和类型的相关知识

通过图书查阅、上网搜索、实地走访等途径，了解创业团队在成长过程中所可能遇到的问题和冲突，并记录下来。可从多方面进行了解，例如，创业理念、素质能力、团队合作、认知与情感、利益分配等角度。

你了解到的创业团队常见的问题有哪些？

笔记区

笔记区

二、阅读分析

陌路兄弟

沈一与徐二是在一个院里长大的发小，成年后，二人又一起拿出全部积蓄走上了创业的道路，开始合伙承包道路建设工程。因为二人都有知识、有技能又勤劳肯干，哪怕遭遇困境二人也互相扶持，就这样熬了几年，终于做出了一番成绩。

但一单生意却让原本亲密的二人面红脖子粗地争论起来，原来有个客户提出一笔大订单，一旦完成就获利颇丰，但是该客户要求沈一与徐二这边垫资施工，即工程款要到完工后结清。但是这个工程规模大、工期长，垫资施工风险很高，于是沈一想要婉拒这单生意，可徐二觉得这单生意完成后收益很高，决定接下这个工程。沈一与徐二之间发生了激烈的争吵，最终沈一无奈同意了徐二的看法。

施工不到一个月，工程就遭遇了雨季停滞不前，而沈一又恰巧听说徐二将其表妹安插在公司里担任财务一职。沈一找到徐二理论，徐二本来也正因为工期延误而烦躁，当即就与沈一大吵了一架，沈一坚持要求要将徐二的表妹开除，而徐二则认为自己的表妹没有犯错，沈一是在借题发挥，向自己发难。二人的争吵无法平息，甚至惊动了公司的其他同事，几个老员工纷纷过来劝说，好不容易平息了争吵。但是沈一认为自己无法再和徐二继续合作，带走了一部分员工与设备出去单干，而徐二也因此没能完成工程，蒙受了巨大的损失。原本是发小和合作伙伴的二人从此成了竞争对手。

1. 阅读上述案例，谈谈创业团队关系应该遵循什么原则。

2. 在企业成长过程中，应该如何管理和调整团队？

笔记区

3. 当创业团队产生冲突时，应如何应对和解决？

◆ 知识拓展

创业领导者的角色和行为策略

领导日益成为企业生存与发展的重要因素，尤其对于创业企业来说，创业领导者往往扮演着重要的角色，成为整个创业团队的核心和灵魂人物。

1. 战略领导者

战略领导者要在宏观方面对企业的发展制定目标、确定方向，努力构思对未来的设想，并为实现设想制定战略。在必要的时候，要调整方向，进行战略变革。为此，战略领导者要使其他人能理解改革设想和战略，并认为进行改革是正确的，从而争取人们的支持，鼓舞大家共同进行战略变革。在某种意义上，员工是否能自愿投入战略行动中来，是判断一个战略能否成功的试金石。创业是一个动态的持续的过程，当一个目标得以实现时，战略领导者要能够进行新的战略思考，确立一个新的目标，并使之成为人们共同的愿景，联合团队成员朝此方向不懈努力，相当于重新创业。所以说，战略领导有三项主要任务，就是确定战略方向、联合群众、促动和激励他人。领导行为侧重于通过联合群众使其形成整体，

笔记区

并且全身心地投入去实现确定的目标。

2. 队伍领导者

好的队伍领导者是聚拢人才的吸铁石。在创业初期，领导者的人格魅力有时比制度文化更为有效。队伍领导者首先要建立精英团队，这就要求确定企业的精神或是企业的信仰，确定企业的核心价值观，然后通过它来吸引志同道合的合作者。另外，要维系团队的稳定，要让团队每个人找准自己的位置，明确自己的角色，形成对等的责、权、利。另外要成为团队力量的协调者和综合者，要善于用人，对人宽容，让每个人能畅所欲言，满足他们基本的需求，调动和激发人们的积极性，激励他们劲儿往一处使，培养他们的团队精神。

项目八　撰写创业计划书

创业不仅仅是凭热情和梦想就能建立起来的，在创业前期制定一份完整的、可执行的创业计划书是创业成功的必要环节，也是获得资金和资源的重要工具。应通过前期的调查和资料分析，通过现实、有效的市场调查，规划出项目的经营模式以及实现盈利的所需条件，制订出要实现的创业目标，进而分解出各阶段的分目标，并制订详细的工作步骤。

笔记区

实训一　模拟撰写创业计划书

★ 实训目标

1. 了解创业计划书的内容要素。
2. 认识创业计划书的撰写要点。

★ 实训流程

一、了解创业计划书的基本内容

请阅读教材或看相关资料，写出创业计划书应该包括哪几个部分？并尝试理解这几部分内容。

二、找创业计划书模板

请找一份创业计书空白模板，填入表 8-1，并了解创业计划书内容撰写框架。当你有一个创业项目要写创业计划书时，你会如何着手？把你的见解与疑问记录下来。

表 8-1　创业计书空白框架模板

笔记区

笔记区

见解：

疑惑：

三、找一份创业计划书范本

请按照以上模板，找一份有内容的创业计划书范本记录在8-2中，看看它的每一部分是怎么写的，记录你的收获。

表 8-2　创业计划书范本

收获：

笔记区

笔记区

四、选择创业项目并讨论

根据班级实有新体况，将班级分成若干小组，小组各成员讨论创业计划书的内容和重点，各组要认真考虑，分别选择一个创业项并做好小组记录。

项目名称：

小组成员：

计划书的内容：

计划书的重点：

笔记区

笔记区

五、撰写创业计划书

针对创业项目，各小组分别撰写一份创业计划书，填入表 8-3，并将撰写过程中遇到的具体问题记录下来。

表 8-3　创业计划书

问题记录：

笔记区

六、小组交流

各小组针对撰写创业计划书过程中遇到的问题进行交流，一起分析、解决上一步遇到的问题，并做好记录。

笔记区

实训二　创业计划书的自评与他评

★ 实训目标

1. 了解创业计划评估标准。
2. 学会自我评估创业计划书。

★ 实训流程

一、自我测评

根据自身实际情况完成以下题目，并在相应的方框内画“√”。

1. 你能否写下你的创业构想和创业计划？

□是　　□否　　□不确定

2. 你能否用很少的文字将你的想法描述出来？

□是　　□否　　□不确定

3. 你真正了解你所从事的行业吗？

□是　　□否　　□不确定

4. 你看到过别人使用过这种方法吗？

□是　　□否　　□不确定

5. 你的想法经得起时间考验吗？

□是　　□否　　□不确定

6. 你是否制订了长期创业计划或长期发展计划呢？

□是　　□否　　□不确定

7. 你是否全身心地投入这个计划的实施中去？

□是　　□否　　□不确定

8. 你是否有好的人脉和资源？

□是　　□否　　□不确定

9. 你是否了解你的目标顾客？

□是　　□否　　□不确定

10. 你是否了解你的竞争对手？

笔记区

□是　　□否　　□不确定

11. 你是否组建了合理的组织团队，明确了职责？

□是　　□否　　□不确定

12. 你是否清楚自己的资金投入、各项花费、销售收入、利润等情况？

□是　　□否　　□不确定

13. 你是否清楚自身创业可能存在的风险？

□是　　□否　　□不确定

14. 你是否明白什么是潜在的回报？

□是　　□否　　□不确定

15. 你是否认为自己的创业计划全面切实可行？

□是　　□否　　□不确定

测评方式及标准：

选择“是”计 2 分，选择“否”不得分，选择“不确定”计 1 分，计算得出总分。

26 ～ 30 分：创业计划切实可行，考虑比较全面，有清晰的认识，能把握住了创业计划的各个环节。

16 ～ 25 分：创业计划比较可行，对创业各主要环节有所了解，大致了解创业计划的各环节，但还不精细，创业计划还需要进一步仔细推敲。

15 分及以下：创业计划可行性比较差，缺乏对创业各环节的认识，没有深入研究创业计划，不知道其中各要素的内在逻辑，需要加强创业计划编制的学习和研究。

二、小组互评

5 人一小组，准备好拿出各自的创业项目，小组进行讨论、分析。

1. 分析自己的企业存在哪些风险。

笔记区

2. 采取哪些措施防范这些风险。

3. 小组其他成员讨论并给出建议。

4. 请小组代表简述自己小组的分析。

5. 教师总结。

◆ 知识拓展

创业计划评估标准

创业计划的评估标准，如表 8-4 所示。

笔记区

表 8-4 创业计划评估标准

评估要素	标准内涵	所占比例
构思创意	企业构思合理，具有新意，产品或服务满足用户需求，技术处于领先地位，具有创新性，满足市场需要	20%
市场评估	目标顾客定位准确，顾客需求分析到位，市场容量、变化趋势和市场占有率预测准确； 竞争对手明确，竞争对手的战略方案分析到位，竞争对手的优劣势分析到位，自身与竞争对手的对比分析到位	20%
营销策略	产品：产品或服务的主要特征清晰，能满足关键用户的需要； 价格：定价合理，充分考虑成本价，相比竞争对手价格的有优势； 地点：选址合理，清晰知道选址缘由，选址适合满足创办企业需要，租金成本合理； 促销：促销方式合理，渠道规划完善，促销成本预测合理，构建了一条畅通合理的营销渠道和与之相适应的新颖而富有吸引力的促销方式	10%
组织管理	企业法律形态明确； 组建了营销、财务、行政、生产、技术团队； 公司组织架构明确，各成员的管理分工明确，职责明确； 领导层、成员、创业顾问及主要投资人等的持股责权清晰，比例合理	10%
资本管理	启动资金预测充分，机器、机械和其他设备生产设备。 器具、工具和家具，交通工具、电子设备等各类投资种类考虑充分、预估合理； 营业销售收入和每月费用、现金流量、盈亏能力和持久性、固定和变动成本、财务月报等各种数据能正确预估，有效反映出公司的财务绩效	15%
阶段目标	清晰明确企业发展战略，明确各阶段发展目标	5%
风险预估	对创业的各类风险预估充分到位，并有相应的解决措施	5%
综合评价	方案全面，包含企业经营各环节，信息填写完整； 计划简明扼要，具有鲜明的特色，条理清晰，重点突出； 专业语言的运用要准确和适度，相关数据科学、诚信、翔实； 计划书总体效果好	15%

项目九　创业企业的开办与管理

现在，也许你正坐在你的办公桌前，想着如何开始你自己的生意，做自己的老板。但新企业怎样注册？新企业如何选址？创业期间如何管理企业？这些知识你都了解了吗？

笔记区

实训一　企业组织形式的选择

★ 实训目标

1. 了解企业组织形式的概念及种类。
2. 学会如何选择企业组织形式。

★ 实训流程

一、熟悉企业组织形式的种类

企业组织形式，根据不同的标准具有不同的分类，请查找资料，找出所有公司组织形式的种类，并分析出每种组织形式的成立条件、特征、与其他形式的区别。按照企业规模划分，可参考表 9-1。

表 9-1　企业组织形式分析

企业组织形式	成立条件	特征（优缺点）	区别
个体工商户			
个人独资企业			
合作企业			
有限责任公司			
股份有限公司			

笔记区

二、分析影响因素

要选择创业公司的组织形式，并分析创业者会注重哪些重要因素，请在理解上述内容的基础上结合团队的创业项目进行分析。例如，资产保护情况、责任情况、税收情况等，请将关键点记录下来。

三、确定企业组织形式

请将以上分析要素进行总结、制作成 PPT 形式，使其形成一个具有说服力的方案，最后确定你们团队的企业组织形式，并向其他小组展示，记录其他小组及教师的建议或意见。

◆ 知识拓展

有限责任公司

根据我国《公司法》的规定，有限责任公司是指股东人数在 50 人以下，股东以其出资额为限对公司承担责任，公司则以其全部资产为限对公司债务承担有限责任的企业法人。

笔记区

1. **有限责任公司的特点**

股东人数有严格的数量限制。有限责任公司的股东必须在50人以下，如股东数量为1人的，为一人有限责任公司。

股东出资必须达到法定最低限额。有限责任公司注册资本的最低限额为3万元人民币，有些法律、法规对有限责任公司注册资本的最低限额有较高规定，则要从其规定。如我国《证券法》规定，设立综合类证券公司，注册资本最低限额为5亿元人民币，证券公司注册资本最低限额为5000万元人民币。

公司的资产有相关规定。公司的全部资产不分为等额股份，也不发行股票，其设立方式只能是发起设立，不能采取募集设立。我国《公司法》规定，有限责任公司成立后，应当股东签发出资证明书。

公司股份转让有严格的限制。有限责任公司的股东之间可以相互转让其全部或部分股权，股东向股东以外的人转让股权的，应当经其他股东过半数通过。经股东同意转让的股权，在同等条件下，其他股东有优先购买权。未经过半数通过的，不同意的股东应购买转让股权，不购买的，视为同意转让。

2. **有限责任公司的组织机构**

有限责任公司的组织机构主要包括股东会、董事会、经理、监事会。

（1）股东会是由全体股东所组成的最高权力机构。它是一个决定公司一切重大事宜的非常设机构。股东会的职权包括：决定公司的经营方针和投资计划；选举和更换董事，决定有关董事的报酬事项；选举和更换由股东代表出任的监事，决定有关监事的报酬事项；审议批准董事会的报告；审议批准监事会或监事的报告；审议批准公司的年度财务预算方案、决算方案；审议批准公司的利润分配方案和弥补亏损方案；对公司增减注册资本做出决议；对公司发行债券作出决议；对股东向股东以外的人转让出资作出决议；对公司合并、分立、变更公司形式、解散和清算等事项作出决议；修改公司章程。股东会会议分为定期会议和临时会议两种。股东会会议按出资比例行使表决权。

（2）董事会是公司的经营决策机构，主要对股东会负责。其成员为3～13人，设董事长1人，副董事长1～2人。董事长和副董事长的产生办法由公司章程规定，董事长为公司的法定代表人，每届任期不得超

过3年，可连选连任。公司规模较小或股东人数较少时可只设一名执行董事。董事会的职权包括：负责召集股东会，并向股东会报告工作；执行股东会的决议；制订公司的经营计划和投资方案；制订公司的年度财务预算方案；制订公司的利润分配或亏损弥补方案；制订公司增减注册资本的方案；拟订公司合并、分立、变更公司形式、解散的方案；决定公司内部管理机构的设置；聘任或解聘公司经理，根据经理提名，聘任或解聘公司副经理、财务负责人，决定其报酬事项；制定公司基本管理制度。

（3）经理是负责公司生产经营管理工作的常设职位，由董事会聘任或解聘，对董事会负责。经理列席董事会会议，接受监事会的监督。经理的职权包括：主持公司的日常经营管理工作，组织实施董事会决议；组织实施年度经营计划和投资方案；拟订公司内部管理机构的设置方案；拟订公司的基本管理制度；制定公司的具体规章；提请聘任或解聘公司副经理，财务负责人；聘请或解聘除应董事会聘任或解聘以外的管理人员；公司章程或董事会授予的其他职权。

（4）监事会是负责对公司的经营决策和管理进行监督检查的机构。股东人数较少或规模较小时，可只设1或2名监事。监事列席董事会会议，任期3年，可连选连任，监事会成员不少于3人。监事会的职权包括：检查公司财务；对董事、经理执行职务时违反法律、法规或公司章程的行为进行监督；当董事、经理的行为损害公司利益时，要求董事和经理予以纠正；提议召开临时董事会；公司章程规定的其他职权。

3. 有限责任公司股东的权利和义务

股东的权利：出席会议权或表决权、选举权和被选举权、利润分配权、剩余财产分配权、查阅会议记录和财务会计报告权、增资优先认购权和转让出资权。

股东的义务：缴纳出资的义务、出资填补的义务、不得抽回出资的义务和依法转让出资。

4. 一人有限责任公司

一人有限责任公司是指只有一个自然人股东或一个法人股东的有限责任公司，是有限责任公司的一种特殊表现形式。我国《公司法》规定，一人有限责任公司的设立和组织机构适用特别规定；没有特别规定的，

笔记区

笔记区

适用有限责任公司的相关规定。一人有限责任公司具有以下几个特点：一人有限责任公司的注册资本最低限额为10万元人民币；一个自然人只能投资设立一个一人有限责任公司，该一人有限责任公司不能投资设立新的一人有限责任公司；一人有限责任公司不设立股东会，法律规定的股东会职权由股东行使，当股东行使职权作出决定时，应当采用书面形式，并由股东签字后置备于公司；一人有限责任公司的股东不能证明公司财产独立于股东自己财产的，应当对公司债务承担连带责任。

实训二　企业选址调研

★ 实训目标

1. 了解企业选址要调研的具体内容。
2. 能根据外部环境合理选择企业的经营场所。

★ 实训流程

一、确定调研方向

学生分成小组，每4～6人为一组，选出一个小组负责人。小组编写调研方案，确定调研内容、调研方法、调研人员及分工等事项。

1. 调研主题。

----

2. 调研方法。

3. 调研人员及分工。

笔记区

二、实施调研

以小组为单位，根据所选择的不同经营内容，进行选址调研，并制定选址方案。参考以下调研内容进行记录。

1. 企业目标客户在哪些地方？

2. 所选地址的日客流量是多少？

3. 所选地址的房租是什么价位？

4. 所选地址有多少家同行业者？他们的实力如何？

5. 所选地区是否具有长远的发展前景？

6. 所选地区的经济是否发达？

笔记区

7. 所选地区的消费者的收入、文化品位和消费心理呈现什么特点？

8. 所选地区的交通是否便利？

三、编写选址方案

根据调研内容，小组讨论、确定选址方案，并将选址方案制作成PPT，由小组负责人上台展示，并请教师进行点评。

四、思考反思

1. 讨论不同组织形式的优势和劣势，思考自己会选择哪种组织形式进行创业。

2. 登陆中国企业登记网（http：//www. saic-gov. cn/），了解企业登记的流程，需要注意的问题和提交的资料。

3. 名称对企业来说非常重要，通俗易懂、朗朗上口的名称很容易被客户记住。请同学们运用头脑风暴法给你的企业取一个名字。

笔记区

◆ 知识拓展

影响企业选址的因素

企业选址是一个比较复杂的决策过程，涉及的因素比较多，需要考虑经济、技术、政治、社会文化、自然等因素。

1. 经济因素

经济因素决定了新企业所在地区的购买力，即购买产品或服务的能力，当地的购买力状况表现在消费者收入水平、就业或失业趋势、银行存款、人均零售总额以及家庭数量和总人口等指标，这些数据一般与当地繁荣程度有关。很显然，创业者都希望企业所在地区的人们对他们提供的产品或服务的购买能力不断增加。

2. 技术因素

技术因素对新企业的成功是不可缺少的。及时了解和把握技术变化的新规律、新特点和新趋势，不仅能够避免技术进步的难以预测性以及技术变化带来的市场不确定性对企业的负面影响，还能够提升企业的竞争优势，推动企业的发展。因此，在新企业选址时可以考虑新技术信息传递迅速、频繁的地区。

3. 政治因素

政府对市场的影响也是值得创业者重视的一个方面，新企业选址时，创业者应重视政府在市场发展、产业发展等方面的相关规定。创业者选择在政府提供发展相关产业的优惠政策的地区创办新企业，可以获得政府支持，抢占市场先机。另外，当投资者去国外创办新企业时，更应该考虑不同国家的政治环境，如国家政策是否稳定等。

创业者还必须仔细研究各种法规、法令和行为限制，企业的建设和经营经常会受到国家和当地的法律以及私人行为的约束，比如，分区法令和细分管制确定了企业可以经营的地点和条件。为了获得相应的资格，企业还需要得到各种授权和许可，以及销售和其他税务的许可。

笔记区

4. 社会文化因素

新企业选址时，创业者应考虑当地的居民生活习惯、文化水平等社会文化因素，分析企业目标消费群体的消费心理。因为人们生活背景和价值取向不同，对健康、营养、安全及环境的关注程度也会不同，这些都会直接影响创业者产品、服务的市场需求，特别是当创业者生产的产品与健康或环境质量等密切相关时，创业者应优先考虑将企业建在其企业文化与产品能得到较大认同的地区。

5. 自然因素

新企业选址时，创业者需要考虑地质状况、水资源的利用性、气候的变化等自然因素是否符合新企业生产发展的需要，如建在地质结构不良的地区，会存在企业安全生产的隐患。同时还应考虑地理环境对选址是否有利，交通条件便利、卫生环境与硬件设施状况良好或同一行业集中的区域，会给企业带来较大的地理优势。

此外，还要考虑的选址因素有：与市场的接近程度、劳动力的供应、租购期限或付款方式、停车场地和营运成本等。

实训三　模拟注册新公司

★ 实训目标

1. 认识注册公司的条件。
2. 了解注册公司的相关手续。

★ 实训流程

一、了解公司注册条件

注册公司的条件有很多，主要有公司股东、监事、董事、公司名称、经营范围、注册资本，注册地址，公司章程、法定代表人等，请各小组在办理注册手续前，结合自己的创业项目确定好以上条件，将其写入公司章

程中，小组成员可以按照公司章程范本撰写本公司章程。

笔记区

公司章程

第一章　公司名称和地址

第一条　公司名称：

第二条　公司地址：

第二章　公司经营范围

第三条

第三章　公司注册资本

第四条

第四章　股东的名称、出资方式、认缴朝、实缴额

第五条

第六条

第五章　公司类型

第七条

第六章　股东的出资方式、出资额和出资时间

第八条

第九条

第七章　公司的机构及其产生办法、职权、议事规则

第十条

第十一条

第十二条

第八章　公司法定代表人

第十三条

第十四条

……

第九章　公司的股权转让

……

第十章　财务、会计、利润分配及劳动用工制度

……

第十章　公司的营业期限

……

第十二章　公司的解散与清算

……

第十三章　股东认为需要规定的其他事项

……

笔记区

二、理清注册相关手续

请查阅相关资料，画出一般公司的注册流程图，并结合你所确定的公司组织形式，了解具体的注册手续。

流程图：   注册手续：

三、办理注册相关手续

请根据创业项目的实际情况办理注册手续，记录在实际办理注册手续时遇到的问题，与其他小组交流办理注册手续的具体差异。

四、分析思考

小组成员通过以上操作，分析思考下面内容。

1. 你能分清各个公章的具体用途吗？

2. 若后期要变更公司名称，应如何办理？

3. 在注册新公司时还有哪些问题需要了解？

笔记区

◆ 知识拓展

注册公司的流程以及所需要的材料

办理公司注册手续的主要流程包括：名称预先核准、办理营业执照、刻章、办理代码证、办理税务登记证和开立基本户。具体每个阶段所需要的材料将在下面详细阐述。

1. 注册新公司核名需要的资料

（1）填写由全体股东签名的《公司名称预先核准申请书》。申请公司名称由行政区划 + 字号 + 行业 + 公司类型四部分组成，如湖南交通有限公司；名称选多个备用（容易重名）。

（2）全体股东身份证原件及复印件，法人股东的提交加盖公章的营

笔记区

业执照复印件和公司投资决议。

（3）全体股东授权的委托人身份证原件及复印件。

2. 注册新公司办理营业执照的资料

（1）公司法定代表人签署的《公司设立登记申请书》。

（2）全体股东签署的《指定代表或者共同委托代理人的证明》。

（3）全体股东签署的公司章程、股东会决议。

（4）股东的主体资格证明或者自然人身份证明复印件。

（5）依法设立的验资机构出具的验资证明。

（6）董事监事和经理的任职文件及身份证明复印件。

（7）法定代表人任职文件及身份证明复印件。

（8）住所使用证明（房产证复印件、房屋租赁合同）。

（9）《企业名称预先核准通知书》。

3. 注册新公司刻章的资料

（1）营业执照副本原件及复印件。

（2）法人身份证原件及复印件。

（3）经办人身份证原件及复印件。

（4）到公安局指定公章刻制企业刻制公章、财务章、发票专用章、合同专用章。

4. 注册新公司办理代码证的资料

（1）营业执照副本原件及复印件。

（2）股东身份证原件及复印件。

（3）经办人身份证原件和复印件。

（4）公章。

5. 注册新公司办理税务登记证的资料

（1）营业执照副本原件及复印件（2 份）。

（2）组织机构代码证副本原件及复印件（2 份）。

（3）股东身份证原件及复印件（4 份）。

（4）验资报告原件及复印件（2 份）。

（5）公司章程原件及复印件（2 份）。

（6）住所使用证明（房产证复印件、房屋租赁合同）。

（7）出租人为自然人的提供出租人身份证号码，出租人为企业的提

供出租人代码证号码。

6. 新公司办理基本户开户许可证的资料

（1）营业执照正本原件及复印件（2 份）。

（2）组织机构代码证正本原件及复印件（2 份）。

（3）税务登记证正本及复印件（2 份）。

（4）股东身份证原件及复印件（4 份）。

（5）公章、财务章、法人人名章。

（6）代理人身份证原件、复印件。

（7）授权书。

笔记区

实训四 模拟企业财务管理

★ 实训目标

1. 能进行合理地财务运算。

2. 能合理地进行现金管理。

★ 实训流程

一、编制财务预算

根据某一新创企业或你自己的企业经营情况，编制现金预算表见表9-2。

表 9-2 现金预算表

	第一期	第二期	第三期	第四期
支付广告费				
采购原材料				
更新生产设备				
投资新生产线				

（续表）

	第一期	第二期	第三期	第四期
偕短期贷款				
借长期贷款				
应收款变现收入				
产品研发				
管理费				
维护费				
长期贷款利息				
ISO				
开拓市场				
还短贷本息				
收入小计				
支出小计				
明年初需要偿还的长/短贷和利息				
期初现金				
收入合计				
支出合计				
期末现金				

笔记区

二、进行现金管理

在现金预算的基础上，为进行有效现金管理，请按照以下内容制定出相关的控制制度或管理方案。

1. 建立财务控制制度。

2. 现金预算控制方案。

3. 应收账款控制方案。

4. 固定资产控制方案。

笔记区

笔记区

5. 成本控制方案。

6. 风险控制方案。

三、分析思考

财务管理对企业的发展有哪些影响，你还会通过什么方法来保证企业的财务正常运转？

◆ 知识拓展

财务管理的关键

1. 加强现金流预算与控制

企业财务管理首先应关注现金流量，而不是会计利润。现金流是创业企业的命脉，其预算与控制是财务控制的一个关键点，新企业应该通

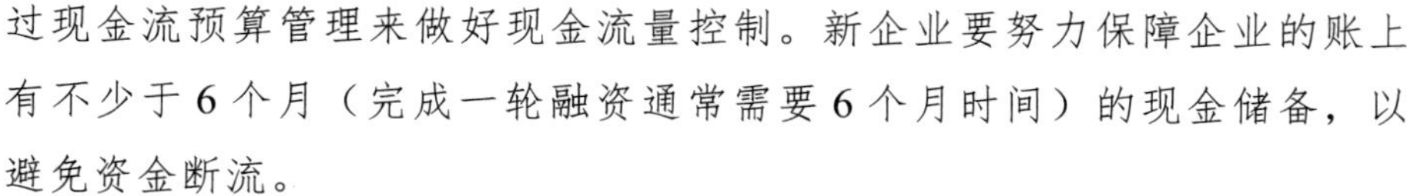

笔记区

过现金流预算管理来做好现金流量控制。新企业要努力保障企业的账上有不少于6个月（完成一轮融资通常需要6个月时间）的现金储备，以避免资金断流。

2. 仔细权衡投资的回报与付出

即使在产品销售情况良好、短期现金流充裕的情况下，新企业仍然需要全面考虑新增投资的回报率、回收期，以及由于新增投资所带来的对企业现有能力的挑战和管理等连带问题：更需要客观评价新增投资的发展前景及对现有业务发展的价值。在新企业创办初期，市场竞争地位才刚刚确立，经营的过于分散化会削弱企业原有核心业务能力。

3. 充分利用产业平台

对于高科技的新企业，应该充分利用所在地区的园区、孵化器等产业平台，争取政府基金及相关政策的支持，这是一种成本相对较低的缓解现金流短缺的方法。孵化器通常是大量政府政策资源的聚集地，孵化器内的新企业在政策资源上有着得天独厚的优势。通过关注、利用政府机构制定的相关法律条例，创业者有可能争取到政策性低息贷款或无偿扶持基金（如创新基金），以及写字楼或者孵化器提供的廉价房租等。

4. 增收节支，开源节流

开源节流是企业经营中最朴实、最实用的手段和策略。节流不是简单地减少支出，而是通过费用支出结构分析、支出的必要性和经济性分析，采取措施来改善费用支出的使用效果。

5. 财务风险控制

对于初创期或成长期的企业来说，需要大量的运营资本来应付快速增长的应付账款和存货，举债经营成为企业发展的途径之一。有效利用债务可以提高企业的收益，但企业举债经营会对企业自有资金的盈利能力造成影响，由于负债要支付利息，债务人对企业的资产有优先权利，万一企业经营不善，或有其他不利因素，则企业资不抵债、破产倒闭的风险就会加大。因此，新企业必须正确、客观地评估财务风险，采取稳步发展的财务策略。

6. 资金控制

在市场竞争异常激烈的今天，新企业往往不得以信用形式进行业务交易，经营中应收账款比率难以降低。应收账款是一个重要的财务控制点。

笔记区

应收账款是指尚未收回的货款或者所提供服务应得的款项，许多大企业认为可以延迟支付小企业或新企业的欠款，因为小企业或新企业几乎没有讨价议价的能力。另外，许多新企业或者处于发展早期的企业经常通过给那些风险更大、在别处贷不到款的客户更大的个人信誉（以个人信誉来担保的应收账款）来获得业务，但这样做的隐患很大，许多初创期企业都由于未能收回欠款而导致破产。

新企业控制好应收账款应处理好三方面的问题：一是客观评价客户资信程度；二是建立合理的信用标准；三是对所发生的应收账款和客户要强化管理，制订催款计划，定期向赊销客户寄送对账单和催缴欠款通知书，或者拨打催款电话，同时要对经常性业务往来的赊销客户进行单独管理。

项目十　“互联网+”创新创业

“互联网+”实际上是创新2.0下的互联网发展新形态、新业态，是知识社会创新2.0推动下的互联网形态演进。新一代信息技术发展催生了创新2.0，而创新2.0又反过来作用于新一代信息技术形态的形成与发展，重塑了物联网、云计算、社会计算、大数据等新一代信息技术的新形态，并进一步推动知识社会以用户创新、开放创新、大众创新、协同创新为特点的创新2.0，改变了人们的生产、工作、生活方式，也引领了创新驱动发展的“新常态”。

笔记区

实训一　认识互联网创业

★ 实训目标

1. 了解“互联网 +”的概念和内涵。

2. 理解“互联网 +”产业的发展趋势与创业成功的关键要素。

★ 实训流程

一、了解互联网创业

学习软件技术专业的李杰大学毕业后，并没有盲目地加入创业大军，而是选择去大的网络公司积累专业知识和工作经验。经过 2 年的准备，他和大学同学赵军一起回到家乡，开始了自己的创业之路李杰的启动资金只有 10 万元，他用这笔钱租了一间不足 50 平方米的单间，买了 2 张办公桌、2 台电脑，于 2019 年成立了网络公司。为了更好地经营公司，李杰在创业当年参加了就业部门组织的创业培训，并获得了 50 万元贷款。这次的培训不仅让李杰学到各种创业所需的知识，也解决了资金问题。

每天一大早，李杰拿着名片满大街跑业务，家乡的店铺基本让他跑了个遍。一次次碰钉子，一次次被拒绝，没有让李杰气馁，而是更加坚定了他必胜的信念他给自己定下了任务：每天要向 20 家店介绍自己的业务。当他跟一家市区外的企业谈一笔单子时，他一个月之内跑了不下十次，为了省下打车的钱，就挤公交，等不上公交就步行回公司。

李杰始终把用户的需求摆在第一位，用心做好每一笔单子，随着口碑越来越好，他的生意也越做越好。如今，李杰的公司已经成长为专业为客户提供社区电子商务运营和社区电子商务系统开发、网络品牌策划、网站建设、营销推广及运营维护等一站式网络营销解决方案的专业化互联网公司。网络公司旗下的 APP 进入社区，开发社区电子商务，为社区提供 O2O 服务。同时，建设线下体验店，每个店和一名大学生进行创业合作，通过大学生带动 3 ～ 5 人就业。李杰对公司的规划：在未来 3 年内覆盖家乡 20 个小区，为 50 个大学生提供创业平台，带动 200 ～ 300 个大学生就业。

1.. 你知道什么是“互联网+”吗？

2. 你了解“互联网+”创业吗？

3. 你知道有哪些互联网+创业的类型？

二、“互联网+”与互联网创业

“快递驿家”项目

“快递驿家”项目在2018“创青春·海尔山东省大学生创业大赛”中的创业实践挑战赛中获得银奖，该赛事重点考察参赛项目的运营业绩和参赛选手的创业能力。“快递驿家”项目在项目的实战性和社会性方面进行了充分的展示和说明，并通过数据方式说明了该项目的可行性和盈利性。下面将对“快递驿家”项目进行分析。

笔记区

笔记区

1. “快递驿家”项目简介

随着电子商务的发展，消费者对快递配送服务要求也逐渐提高，快递业面临巨大的压力。尤其是快递到消费者手里的最后一站——城市社区和高校的快递配送，急需找到一条既能降低配送成本，又能为用户提供优质服务的道路。

“快递驿家”项目正是在这样的条件下出现的，该项目是菜鸟网络授权的城市服务商，通过在高校自建直营和社区内加盟的方式设立驿站，搭建快递“最后一千米”和“最后一百米”的第四方服务平台，让快递包裹能够快速、安全地送到消费者手中。在2019年，“快递驿家”项目与申通、中通、圆通、百世、韵达、天天等多家快递公司达成合作关系，设立校园驿站4家，社区驿站200余家，城区服务覆盖率达到70%，已初步完成了临沂市区的布点工作。

2. “快递驿家”项目分析

项目优势。“快递驿家”项目目标人群清晰，且在市区的布点工作已初步完成，大量的驿站既能减少消费者末端配送资源的浪费，又能提高快递员的投递成功率。同时，创业团队的专业知识过硬，实践经验丰富，团队成员来自物流管理、物流工程、会计等不同专业，既有物流管理的专业知识，又有电商的实战技能，更有财务的详细准确预算。项目总体优势明显。

运营策略。运营策略分析包括运营模式、盈利模式和营销模式3个方面。首先是运营模式——最后一千米服务模式，“快递驿家”与多家快递公司达成合作，当快递通过分拣工作到达社区的上级分拨中心时，由驿站的自配新能源车辆到上级的快递分拨中心自行取件，然后在派送时进行最优路线选择，做到高效便捷；项目的盈利模式主要包括站点销售收入、驿站广告收入和精准推广3个方面，项目设立站点以后，每个驿站的设备、系统都是有偿提供的，另外，驿站还可以进行广告推广，即在货架或者墙体上进行广告摊位的招商，项目按照时间或面积进行相应的收费，所获利润项目与驿站按比例分成；营销模式主要是从服务、媒体宣传和树立公司品牌等多个方面展开，比如，在当地媒体定期做广告宣传，扩大影响，吸引客源，增加业务量，让更多的消费者体验驿站的便捷，为更多的快递公司解决“最后一千米”和“最后一百米”的配送服务难题。在这种模式下，项目解决了各大物流公司在末端配送的难题，

各大物流公司不必再花费大量的人力、财力来搭建末端配送平台，大大减少了成本费用。

1. 上述案例给我们什么启示？

2. 你还知道哪些互联网创业？

三、查找生活中与下列“互联网+”相符合的实际应用

“互联网+”创业创新案例：

“互联网+”协同制造案例：

“互联网+”便捷交通案例：

笔记区

笔记区

"互联网 +"高效物流案例：

"互联网 +"建筑工程案例：

在日常学习和生活中，查找关于"互联网 +"的实际应用案例，思考这些应用案例对自己的启发。结合案例，思考如何运用"互联网 +"为学习和生活提供便利。

1. 这些案例对你有哪些启发？

2. 如何运用"互联网 +"为学习和生活提供便利？

笔记区

◆ 知识拓展

互联网创业的类型

互联网创业涉及社会生活的方方面面，从互联网技术的应用和推广视角可以将互联网创业分为7种基本类型：电子商务创业、O2O创业、互联网平台创业、网络游戏创业、智能制造创业、物联网创业、网络直播创业等。

1. 电子商务创业

电子商务创业是利用互联网技术开展商品营销创业的总称，包括在淘宝、天猫、京东、一号店、亚马逊、当当、微店、有赞、速卖通、诚信通、阿里巴巴国际站、敦煌网等网络平台上进行的商品营销与销售的活动，也包括利用微信、微博、社区工具等进行营销的活动。近年来，中国电子商务持续保持快速发展，给生产、流通、消费，乃至人们的生活带来了变革性影响，不仅为中小企业创造了更多的发展机会和空间，而且在促进就业、带动传统产业转型升级、推动全球贸易便利化等方面发挥了日益重要的作用。

电子商务按照交易主体可以分为企业与消费者电子商务（B2C）、企业与企业之间的电子商务（B2B）、消费者与消费者之间的电子商务（C2C）三大类。如果把政府电子采购也算作电子商务的一类，可以把政府看作电子商务的交易主体之一，对应的电子商务类型为企业与政府之间的电子商务（B2G）。相对应的电子商务创业也可以分为B2C、B2B、C2C、B2G创业。

按照电子商务的终端设备可以分为PC端电子商务创业（或称为传统电子商务）和移动电子商务创业。传统电子商务创业是指基于PC的电子商务创业，其显示屏幕较大，展示的内容较为详细、丰富，可以利用淘宝、京东等开店进行创业；移动电子商务创业是指利用移动设备如智能手机、平板电脑等移动电子设备开展的商务创业，如微店、有赞创业等。

笔记区

按电子商务创业产品销售的范围可以分为跨境电子商务创业和非跨境电子商务创业。跨境电子商务是指利用电子商务开展进出口业务的活动的总称。目前，利用速卖通、亚马逊、Wish等平台开展跨境电子商务创业已经成为趋势。

2. O2O 创业

O2O，全称 Online To Offine，又被称为线上线下电子商务，区别于传统的 B2C、B2B、C2C 等电子商务模式。O2O 就是把线上的消费者带到现实的商店中去，在线支付线下商品、服务，再到线下去享受服务。通过打折（团购，如美团、大众点评等）、提供信息、服务（预订，如携程）等方式，把线下商店的消息推送给互联网用户，从而将他们转换为自己的线上客户。这样线下服务就可以用线上来揽客，消费者可以在线上来筛选服务，还有成交可以在线结算，很快达到规模效益。目前，O2O 模式被广泛应用在租车、快递、旅游、餐饮、理发、洗车等领域。

3. 互联网平台创业

“互联网+”时代，由于技术的快速发展，互联网平台也成了创业者最关注的创业方式之一，如智慧旅游平台、电子元器件垂直电子商务平台、生鲜农产品电子商务平台等。在移动互联网时代，各类 App 作为应用或管理平台不断创新，如各类打车租车 App。

4. 智能制造创业

智能制造也可以称为“互联网+”制造业，是由智能机器和人类专家共同组成的人机一体化智能系统，它在制造过程中能进行智能活动，诸如分析、推理、判断、构思和决策等。通过人与智能机器的合作共事，去扩大、延伸和部分地取代人类专家在制造过程中的脑力劳动。它把制造自动化的概念更新，扩展到柔性化、智能化和高度集成化。智能制造成为德国、美国和日本等制造业发达的国家的新竞争力方向，我国也发布了制造强国战略《中国制造 2025》。无人机、机器人以及无人驾驶汽车等成了当前智能制造创业的主要方向和热点。

5. 物联网创业

物联网通过智能感知、识别技术与普适计算等通信感知技术，广泛应用于网络的融合中，也因此被称为继计算机、互联网之后世界信息产业发展的第三次浪潮。物联网是互联网的应用拓展，与其说物联网是网

络，不如说物联网是业务和应用。因此，应用创新是物联网发展的核心。农业物联网、车联网等成了物联网创业的热点。

6. 网络直播创业

中国的网络直播是井喷式的爆发增长，带动了多个行业，并吸引了越来越多的人投身其中。特别是年轻人，他们通过智能手机和自拍杆就可以轻松地实现直播。

笔记区

实训二 利用“互联网+”创业

★ 实训目标

1. 了解互联网创业存在的主要问题。
2. 清楚互联网创业的机遇和挑战，并自觉采取相应对策。

★ 实训流程

一、资料查找，回答问题

1. 大学生互联网创业存在的主要问题。

2. 大学生互联网创业的主客观优势。

笔记区

3. 大学生互联网创业的发展对策。

4. 大学生互联网创业的起步选择。

二、阅读案例，回答问题

研究缺口致公司走入困境

李由的朋友从事计算机远程控制研究工作，两人有到这方面的发展前景便合伙成立一家计算机远程控制护栏灯的公司。考虑到该技术先进，同类竞争产品少，李由想都没想就将自己的全部资金投入这个公司。李由和朋友的设计刚刚完成，就有客户找上门来，看到计算机模拟演示效果后，便签订了一个数额巨大的工程订单，由于工期较紧，公司便直接开始大批量生产。然而，护栏灯在实际使用过程中设备的抗干扰性能不过关。客户要求退货，李全和朋友的公司面临巨大的经济损失。公司刚成立就遭受不合格产品积压，资金周转不灵的问题，导致公司陷入极大的困境。

李由等人在创业时，遗漏了哪些创业问题，这些问题应如何规避？

笔记区

◆ 知识拓展

互联网创业存在的风险

1. 项目选择

高职生创业时如果缺乏前期市场调研和论证，只是凭自己的兴趣和想象来决定投资方向，甚至仅凭一时心血来潮做决定，一定会碰得头破血流。

高职生创业者在创业初期一定要做好市场调研，在了解市场的基础上创业。一般来说，高职生创业者资金实力较弱，选择启动资金不多、人手配备要求不高的项目，从小本经营做起比较适宜。

2. 缺乏创业技能

很多高职生创业者眼高手低，当创业计划转变为实际操作时。才发现自己根本不具备解决问题的能力，这样的创业无异于纸上谈兵。一方面，高职生应去企业打工或实习，积累相关的管理和营销经验；另一方面，积极参加创业培训。积累创业知识，接受专业指导，提高创业成功率。

3. 资金风险

资金风险在创业初期会一直伴随在创业者的左右。是否有足够的资金创办企业是创业者遇到的第一个问题。企业创办起来后，就必须考虑是否有足够的资金支持企业的日常运作。对于初创企业来说，如果连续几个月入不敷出或者因为其他原因导致企业的现金流中断，都会给企业带来极大的威胁。相当多的企业会在创办初期因资金紧缺而严重影响业务的拓展，甚至错失商机而不得不关门大吉。

另外，如果没有广阔的融资渠道，创业计划只能是一纸空谈。除了银行贷款、自筹资金、民间借贷等传统方式外，还可以充分利用风险投资、

笔记区

创业基金等融资渠道。

4. 社会资源贫乏

企业创建、市场开拓、产品推介等工作都需要调动社会资源，高职生在这方面会感到非常吃力。故平时应多参加各种社会实践活动，扩大自己人际交往的范围。创业前，可以先到相关行业领域工作一段时间，通过这个平台，为自己日后的创业积累人脉。

5. 管理风险

一些高职生创业者虽然技术出类拔萃，但理财、营销、沟通、管理方面的能力普遍不足。要想创业成功。高职生创业者必须技术、经营两手抓，可从合伙创业、家庭创业或从虚拟店铺开始，锻炼创业能力，也可以聘用职业经理人负责企业的日常运作。

创业失败者，基本上都是管理方面出了问题，其中包括：决策随意、信息不通。理念不清、忠得忠失、用人不当。忽视创新、急功近利、盲目跟风、意志薄弱，等等。特别是高职生知识单一、经验不足、资金实力和心理素质明显不足，更会增加在管理上的风险。

6. 竞争风险

寻找蓝海是创业的良好开端，但并非所有的新创企业都能找到蓝海。更何况，蓝海也只是暂时的，所以，竞争是必然的。如何面对竞争是每个企业都要随时考虑的事，而对新创企业更是如此。如果创业者选择的行业是一个竞争非常激烈的领域，那么在．创业之初极有可能受到同行的强烈排挤。一些大企业为了把小企业吞并或挤垮，常会采用低价销售的手段。对于大企业来说。由于规模效益或实力雄厚，短时间的降价并不会对它造成致命的伤害，而对初创企业则可能意味着彻底的毁灭。因此，考虑好如何应对来自同行的残酷竞争是创业企业生存的必要准备。

7. 团队分歧

现代企业越来越重视团队的力量。创业企业在诞生或成长过程中最主要的力量来源一般都是创业团队，一个优秀的创业团队能使创业企业迅速地发展起来。但与此同时，风险也就蕴含在其中，团队的力量越大，产生的风险也就越大。一旦创业团队的核心成员在某些问题上产生分歧不能达到统一时，极有可能会对企业造成强烈的冲击。

事实上，做好团队的协作并非易事。特别是与股权、利益相关联时，

很多初创时很好的伙伴都会闹得不欢而散。

8. 核心竞争力缺乏的风险

对于具有长远发展目标的创业者来说，他们的目标是不断地发展壮大企业，因此，企业是否具有自己的核心竞争力就是最主要的风险。一个依赖别人的产品或市场来打天下的企业是永远不会成长为优秀企业的。核心竞争力在创业之初可能不是最重要的问题，但要谋求长远的发展，就是最不可忽视的问题。没有核心竞争力的企业终究会被淘汰出局。

9. 人力资源流失风险

一些研发、生产或经营性企业需要面向市场，大量的高素质专业人才或业务队伍是这类企业成长的重要基础。防止专业人才及业务骨干流失应当是创业者时刻注意的问题，在那些依靠某种技术或专利创业的企业中，拥有或掌握这一关键技术的业务骨干的流失是创业失败的最主要风险源。

10. 意识上的风险

意识上的风险是创业团队最内在的风险。这种风险来自无形，却有强大的毁灭力。风险性较大的意识有：投机的心态、侥幸心理、试试看的心态、过分依赖他人、回本的心理等。

笔记区

笔记区

参 考 文 献

[1] 陈玉萍．创新创业学实训［M］．成都：西南财大出版社，2021.

[2] 刘万韬，王倩，徐海铭，等．大学生创新与创业教程［M］．北京：教育科学出版社，2021.

[3] 吕爽．大学生创新创业实务指导［M］．北京：中国铁道出版社，2020.

[4] 苗雨君．创新创业实训教程［M］．哈尔滨：哈尔滨工程大学出版社，2021

[5] 万玺．创新创业基础实训教程［M］．成都：西南财经大学出版社，2020.

[6] 王凤兰，理阳阳，陈波．创新创业实训［M］．广州：广东教育出版社，2020.

[7] 王思敏，宋婷．创新创业实训［M］．北京：九州出版社，2022.

[8] 吴月红，李经山．创新创业实训教程［M］．北京：机械工业出版社，2021.

[9] 徐德锋，陈群，江一山．大学生创新创业实践与案例［M］．武汉：华中科学技术大学出版社，2021.

[10] 许跃，李伸荣．大学生创新创业实务［M］．哈尔滨：东北林业大学出版社，2020.

[11] 周晓敏，刘婷．创新创造创业模块化场景式实训教程［M］．北京：科学出版社，2020.